农村留守儿童隔代家庭照顾模式研究

冯 元 ◎ 著

东南大学出版社
SOUTHEAST UNIVERSITY PRESS
·南京·

图书在版编目(CIP)数据

农村留守儿童隔代家庭照顾模式研究 / 冯元著. — 南京：东南大学出版社，2024.11
ISBN 978-7-5766-0922-6

Ⅰ.①农… Ⅱ.①冯… Ⅲ.①农村－儿童教育－家庭教育－研究－中国 Ⅳ.①G782

中国国家版本馆 CIP 数据核字(2023)第 199330 号

责任编辑：颜庆婷(691445531@qq.com)　　责任校对：子雪莲
封面设计：颜庆婷　　　　　　　　　　　　责任印制：周荣虎

农村留守儿童隔代家庭照顾模式研究
Nongcun Liushou Ertong Gedai Jiating Zhaogu Moshi Yanjiu

著　者	冯　元
出版发行	东南大学出版社
出 版 人	白云飞
社　　址	南京市四牌楼 2 号　邮编：210096
经　　销	全国各地新华书店
印　　刷	江苏凤凰数码印务有限公司
开　　本	700mm×1000mm　1/16
印　　张	11
字　　数	190 千字
版 印 次	2024 年 11 月第 1 版第 1 次印刷
书　　号	ISBN 978-7-5766-0922-6
定　　价	49.00 元

本社图书若有印装质量问题，请直接与营销部联系，电话：025-83791830。

前言 PREFACE

农村留守儿童是我国社会转型期伴生的一类特殊儿童，其"特殊性"在于"亲子时空分离"，日常家庭生活照顾主要由（外）祖父母、亲友等人代替父母来完成。自改革开放以来，城市化、工业化与现代化将大量农民工吸纳进城，但囿于户籍制度、城乡二元社会福利制度和城市生活成本偏高等因素，大量农民工未成年子女被留居在农村户籍地生活，由此衍生出农村儿童留守及其家庭照顾问题。

笔者生于20世纪80年代初，刚好经历了改革开放初期第一代农民工进城潮流。笔者父亲生于20世纪50年代，受特殊历史时期教育政策影响未能参加高考，高中毕业后在本乡公社担任团委书记近10年，因生育二孩有违当时的生育政策而离开工作岗位进入农民工行列，先后在株洲和浏阳两个城市的建筑工地从事"砌匠"工作多年。在这期间，笔者兄弟俩成为"单亲留守儿童"。至今依稀记得童年时期站在家门口的樟树底下呼喊父亲回家的情形。1996年前后，父亲开始自学兽医技术并开启乡村行医职业生涯，由此笔者也结束了"单亲留守儿童"的生命历程。回顾自身的留守经历，很难准确分析留守生活对自身健康、品格和发展产生的实质影响。但不可否认的是，在父亲"不在家"的童年期，母亲和祖母主导了笔者童年期的家庭照顾和教育，与母亲的相处既有情感依赖的一面，也时常有亲子冲突的一面。就笔者的祖母而言，她在协助照顾我们兄弟俩的同时，还要全权照顾叔父家的两个"完全留守"孩子，她身上展现了中国女性坚韧、包容和睿智等许多优秀的品质，此外祖孙间形成的"隔代亲"家庭关系也是非常明显的。由于自己有切身的留守生活体验，笔者对农村留守儿童的许多生活情境和家庭照顾困境有着更深度的体验和理解。1996—2011年，笔者利用节假日跟随父亲在浏阳官桥、普迹、镇头三地长期走村入户"行医"，因而有机会亲见到不少农村留守儿童的居家生活状况和隔代照顾情形，虽然那时笔者只会做一些一般性社会观察，但为后来开展农村留守儿童研究提供了感性资料和兴趣基础。

  2007年，笔者大学毕业后入职南京市救助管理站，主要职责是在未成年人保护中心（救助站内设科室）面向流浪儿童开展社会工作服务。2007—2010年，救助站年均救助流浪儿童人数超过1 000人次，笔者在直接服务中遇到各种类型的流浪儿童，其中外出务工型、家庭冲突出走型、身心障碍遗弃型、非法组织控拐型的流浪儿童较常见。这一时期，笔者带领南京财经大学、南京林业大学、南京师范大学、南京人口管理干部学院（后并入南京邮电大学）等高校的社会工作实习生积极探索站内专业服务。2006年十六届六中全会提出"建设宏大的社会工作人才队伍"，为回应这个重大决策部署，2007年民政部在全国29个省选取75个县（区）和90个单位进行首批社会工作人才队伍建设试点，2009年启动第二批试点工作。南京市救助管理站和南京市社会儿童福利院都是首批试点单位，各自招录了2名专业社会工作人才，笔者正是在这样的契机下作为专业社会工作人才被引进民政局下属事业单位。刚进入救助站工作时，不少同事提出一个问题："社会工作在救助站能做什么？"在一些老救助工作者看来，救助站的核心工作就是"接"和"送"，将各类受助对象"接收"进救助站提供临时基本生活保障、紧急医疗救治和联系亲属等服务，再在核实好户籍身份信息、购买到车（机）票并联系好亲属的情况下将受助对象"护送"到返乡车站，最后交接给户籍地救助站的工作人员或该受助对象的亲属，因而在他们看来这项工作并不需要多少专业技术含量。为了回答好这个问题，也为了证明社会工作的专业服务优势，笔者与同批进站的社工何春兰一起依托未成年人保护中心以及高校社会工作实践基地开展了社会工作专业服务探索，摸索制定了适合流浪儿童救助工作的《个案工作记录》《小组工作记录》等套表，并利用救助站的场地和设施资源探索发展出一些适合流浪儿童的课程、游戏和活动。2009年，笔者基于自身的社会工作实践撰写了《以社工为依托推进流浪儿童人性化救助》，并将其发布在博客上，南京电视台《零距离》新闻栏目组以本文为依据，在获得南京市民政局和南京市救助管理站的支持下，由笔者作为社会工作者本色出演，拍摄了笔者带领流浪儿童在未成年人保护中心开展的集合整队、身体锻炼、下棋、画画、唱歌、故事分享会等多项活动场景，时任《零距离》新闻主播孟非以"救助站来了社工"为题进行了长达6分钟的专题新闻介绍。2010年，笔者在《江南大学学报（人文社会科学版）》正式发表《以社工为依托推进流浪儿童人性化救助》，在文中介绍了依托高校社会工作专业实习生力量开展个案工作和小组活动的经验，并推介了在救助机构内依托救助人员担任"爱心父母"为4名长期滞留的流浪儿童组建"类家庭"促进他们成长和回归家庭的服务创新。在救助站直接服务的3年多时间里，笔者深切感受到孩子流浪行为发生与其原生家庭的结构和照顾状况有着密切关系，其中不少孩子因父母外出务工、父母婚姻冲突、父母健康问题等而得不到足够的照顾与关爱，还有不少孩子是由于家庭教育方式不当或家庭亲子关系冲突而"出逃家庭"。

2011年，国务院办公厅下发《关于加强和改进流浪未成年人救助保护工作的意见》，提出要"加快推进流浪未成年人救助保护体系建设，确保流浪未成年人得到及时救助保护、教育矫治、回归家庭和妥善安置，最大限度减少未成年人流浪现象"。同年12月，民政部、中央综治办、教育部等8个部门联合下发《关于在全国开展"接送流浪孩子回家"专项行动的通知》，其目标是严厉打击拐卖未成年人以及利用未成年人乞讨和犯罪等行为，强化主动救助和保护，促进流浪未成年人回归家庭，实现2012年年底城市街面无未成年人流浪。随后全国各地启动了"接送流浪孩子回家"专项行动，在救助管理站的支持下，笔者带领社会工作专业的大学生志愿者进行多批次的街面主动劝导和救助宣传活动，在新街口步行街、南京火车站一带成功救助多名流浪人员，为南京市救助站后续建立常态化街头主动劝导救助服务提供了实践基础。随着2011年"接送流浪孩子回家"

和 2013 年"送流浪孩子回校园"专项行动后,民政、公安等部门不仅加强了街头流浪儿童的强制救助保护力度,也协同其他部门加强了流浪儿童的返校复学、困境儿童的关爱帮扶、家庭教育指导和监护随访报告等工作机制建设,这样一来迅速大幅度地控制了儿童流浪现象和规模。根据民政部数据统计,2011—2013年,全国救助流浪儿童数量分别为 17.9 万、15.2 万和 18.4 万,但到 2018 年和 2019 年,全国流浪儿童救助总量下降至 2.2 万和 1.8 万。随着流浪儿童数量的大幅减少,全国各地救助管理机构及流浪儿童救助保障机构在流浪儿童救助上的职能和角色必然需要进行转型和创新。2013 年和 2014 年民政部连续启动两批未成年人社会保护试点工作,探索建立儿童"监测预防、发现报告、帮扶干预"联动反应机制,推动建立"以家庭监护为基础、社会监督为保障、国家监护为补充"的多元监护制度,促进"家庭、社会、政府"三位一体儿童社会保护工作格局形成,其中南京作为第二批试点城市在 2014 年迅速启动了未成年人社会保护试点创新工作。在此背景下,南京市人民政府办公厅制定实施《南京市未成年人社会保护试点工作实施方案》,将南京市救助管理站内设的"流浪未成年人救助保护中心"更名为"未成年人保护中心",其职能由过去专职救助保护流浪儿童扩展到以救助保护本地缺乏关爱的留守流动儿童和困境儿童为主责,并作为全市未成年人社会保护的工作平台和服务载体。在该方案实施过程中,南京市建立了"市、区、街道、村(居)"四级儿童社会保护网络,特别针对农村留守儿童探索建立信息档案和"爱心妈妈"制度。2014—2017 年,笔者在调入南京特殊教育师范学院从事社会工作教学的过程中,以南京市共美社会工作服务中心总干事身份参与"南京市未成年人保护督导服务"项目,深入多个农村社区调研和督导留守儿童服务。

2018 年至今,笔者持续开展了农村留守儿童相关问题的研究,在研究中注意到隔代照顾所依托的家庭照顾系统并未受到足够的重视。从家庭生命周期和家庭生态系统而言,隔代照顾系统具有短时间的稳定性和长时间的变动性,因为父母外出务工的时点和时长都具有变动性,而隔代照顾者的生命状态和照顾能力以及留守儿童的脆弱特性和自主能力也会在时间维度上具有变动性。因而,我们日常生活中所看到的农村留守儿童隔代照顾具有生命历程变动性和家庭类型差异性。本书以农村留守儿童群体为切入点,采用质性研究方法探讨和解释农村留守儿童的隔代家庭照顾问题，从学术意义而言：（1）丰富了本土农村留守儿童隔代家庭照顾理论；（2）为人们直观和深入地认知和理解农村留守儿童的隔代家庭生活和隔代家庭照顾者的照顾服务提供观察视窗；（3）构建了农村留守儿童隔代照顾系统的社会支持网络图，为未来农村留守儿童及家庭照顾理论研究和服务实践提供了理论指引。

从个体社会化过程而言，家庭是每个人最早期也是最为重要的社会化场域，因而"个体的问题本质上是家庭的问题"所揭示的是家庭的照顾能力对孩子的教养水平和成长品质有着关键性影响。本书回应了如何精准识别家庭照顾系统的结构、功能和风险以及寻求更具实效的福利治理和服务供给路径与策略，采用立意取样方法，由研究者深入农民外出务工比例较高的湖南省浏阳市官桥镇和镇头镇进行实地调研，根据村干部（儿童主任）提供的全村留守儿童名单进行依次入户访谈，首先初访了40个留守儿童家庭，根据隔代照顾时长、隔代照顾结构、照顾（外）孙子女数量3个取样标准确定了18个家庭作为研究样本。结合生态系统理论和家庭系统理论，构建了"隔代照顾者—留守儿童"的隔代照顾系统分析思路，对受照顾儿童和隔代照顾者进行双向访谈，并采用Nvivo 11编码软件技术进行分析，从而综合儿童视角和成人视角来探求农村留守儿童隔代照顾的结构、功能和风险。本书有几个重要的发现：（1）全社会应该辩证地看待隔代照顾的影响与结果。以往不少研究与媒体所揭示的农村留守儿童普遍出现的自卑感强、情感缺失、性格孤僻、学业不良、人际关系不畅等问题值得辩证分析，这一群体出现的普遍性问题在其他普通儿童群体中也可能同样存在，并不能直接归因为隔代照顾。（2）隔代照顾者的综合素养影响照顾品质。经研究发现，隔代照顾者的年龄、学历和教养方法是影响隔代照顾品质的关键因素，65岁以上照顾者在体能和精力上的弱势程度会随年龄的增长而增加，70岁是一个重要的分界点，超过这一年龄的隔代照顾者在体能和教育能力上的不胜任感会非常明显。60岁以下的隔代照顾者普遍具有初中及以上教育水平，因而在体能和教养方法上都相对能够回应隔代照顾的需要。（3）隔代照顾依然以"女性"为主体承担者。本书研究发现，"女主内"的传统家庭分工依然普遍存续于农村留守儿童家庭中，（外）孙子女的生活照顾和情感关爱主要由女性隔代照顾者承担，因而女性隔代照顾者的身心压力最为显著，照顾多个（外）孙子女的女性照顾者在休息、娱乐和健康方面需要做出更多牺牲。男性照顾者主要承担（外）孙子女的上学接送以及务农和外出务工，以保障或增加家庭收入。（4）家庭系统结构会影响隔代照顾能力。父辈和祖辈结构完整且婚姻关系和谐，家庭关系氛围良好，则隔代照顾系统比较稳固有力，（外）孙子女的学业、心理、人际和情感都会发展得比较正常和顺畅，但如果隔代照顾重叠了父辈结构或祖辈结构残缺（包括婚姻冲突），则隔代照顾系统会变得比较脆弱，（外）孙子女容易发生心理问题和行为问题。（5）家庭福利政策和专业服务是提升隔代照顾能力的创新举措。当前"六位一体"的农村留守儿童关爱体系已基本构建，能够提升留守儿童的安全感和减少权益损害事件，为农村留守儿童的全方位成长与发展提供有力支持。

本书引入家庭生态系统理论和生命历程理论对研究发现进行深入分析，并提出以下几个重要学术观点。

（1）本书研究认为隔代照顾系统中的留守老人和留守儿童都是推进乡村振兴的重要人力资本，因而应从社会福利的"社会投资"属性来肯定隔代照顾的社会价值，并注重从激活和发展隔代照顾系统的内生动力和照顾功能目标构建家庭福利政策。（2）本书引入生命历程分析视角，认为隔代照顾系统的福利需要和照顾困境受到社会情境变迁和个体生命事件的交互影响，因而福利政策和服务要具有动态回应能力。（3）隔代照顾功能失灵是导致留守儿童问题的直接成因，激活和发展隔代照顾系统的照顾功能则是解决留守儿童问题的最有效路径。（4）隔代照顾系统具有适应性，它能够根据社会变迁和家庭情境变动调整家庭策略，福利服务要聚焦于提升这一系统的适应性和照顾能力。

本书研究的贡献是揭示了隔代家庭照顾系统具有内在的变动性和合作性，其照顾结构和照顾功能受到家庭生命周期、家庭收入、家庭关系、照顾者健康状况等因素的综合影响，隔代照顾者和受照顾留守儿童之间的照顾关系具有双向互动性，多数留守儿童在四年级以后因认识、体能、情感、人格、能力方面有更好的发展而能够逐步发挥"反向照顾"功能，比如协助隔代照顾者打理家务、农务并主动从生活和情感上关心支持隔代照顾者。这表明儿童和隔代照顾者在体能、智力和经验方面的脆弱性与主体性会在某个年龄点（段）出现"临界点"。本书结合这个隔代照顾"临界点"的提出，希望今后的研究能够进一步探讨和评估近3年来儿童关爱、教育减负、家庭教育等相关政策以及新建基层儿童工作队伍和服务体系对农村留守儿童隔代照顾所产生的实际影响。

  本书共分为 5 个部分。第 1 部分为绪论，指出农村留守儿童作为一个数量庞大的群体出现后受到全社会关注，其在家庭照顾和社会保护不足的情形下易发生心理健康和行为问题，易遭受意外伤害和不法侵害等风险，需要政府给予积极回应，因而国务院于 2016 年印发《关于加强农村留守儿童关爱保护工作的意见》，将这个群体的关爱保护列为各级政府重点工作。同年，民政部、中央综治办、最高人民法院等 8 个部门联合下发《关于在全国开展农村留守儿童"合力监护、相伴成长"关爱保护专项行动的通知》，提出要强化家庭监护责任、政府属地责任及各部门相关职责，从而构建面向无人监护、父母一方外出另一方无监护能力、失学辍学、无户籍几类重点农村留守儿童的多元主体"合力监护"和"帮扶干预"服务机制。第 2 部分对农村留守儿童的核心概念进行界定，并对相关学者对农村留守儿童隔代照顾研究进行了文献综述，指出从"隔代照顾者—留守儿童"双向互动视角进行研究能够更深入和准确探究隔代照顾的实践模式和照顾风险。第 3 部分重点介绍本研究采取的研究方法及研究对象的选取标准，由于多数隔代照顾者主要使用方言接受访谈，因而资料收集方式采取现场录音和人工转录相结合，笔者邀请了 3 位本地大学生协助调研和资料整理以有效保证研究资料能够得到及时和科学的处理。该部分还介绍了在研究过程中如何遵循研究伦理原则以保障研究对象的意愿和权益。第 4 部分对农村留守儿童隔代照顾的产生成因、照顾模式和照顾系统协作机制、运行条件和照顾结果进行了分析，重点从祖辈和父辈的成员与关系结构探讨了其对家庭照顾功能的影响。第 5 部分主要对本书研究的结论进行了呈现，发现祖辈和父辈的成员与关系结构破损则会直接对隔代照顾功能产生障碍乃至负面影响。同时，对基于研究发现的隔代照顾问题提出了一系列有针对性的解决策略。

目录 CONTENTS

绪论		········· 001
	第一节 研究背景	········· 003
	第二节 研究目的	········· 008
	第三节 研究意义	········· 009
第一章	文献探讨	········· 011
	第一节 核心概念界定	········· 013
	第二节 相关理论基础	········· 018
	第三节 农村留守儿童的家庭照顾研究	········· 021
	第四节 农村留守儿童的隔代家庭照顾研究	········· 029
	第五节 现有研究的综合检视	········· 037
第二章	研究方法	········· 039
	第一节 研究性质与研究设计	········· 041
	第二节 研究问题	········· 042
	第三节 研究对象	········· 044
	第四节 取样方法	········· 046
	第五节 资料收集与记录	········· 049

第六节	资料分析方法	052
第七节	研究信度与效度	055
第八节	研究伦理	058

第三章　资料分析与讨论 … 059
- 第一节　隔代家庭照顾家庭基本资料分析 … 061
- 第二节　农村留守儿童隔代家庭照顾成因分析 … 070
- 第三节　隔代家庭照顾模式分析 … 078
- 第四节　农村留守儿童隔代家庭照顾者系统内部协作机制 … 084
- 第五节　农村留守儿童隔代家庭照顾运行条件分析 … 091
- 第六节　农村留守儿童隔代家庭照顾结果影响分析 … 099
- 第七节　讨论 … 118

第四章　研究结论、研究限制与实务建议 … 129
- 第一节　研究结论 … 131
- 第二节　研究限制 … 135
- 第三节　实务建议 … 139

参考文献 … 148

附录 … 156
- 附录1　2006—2023年留守儿童相关政策统计表 … 156
- 附录2　农村留守儿童隔代家庭照顾者访谈提纲 … 160
- 附录3　隔代家庭照顾农村留守儿童访谈提纲 … 162
- 附录4　访谈知情同意书 … 163

绪 论

第一节 研究背景

"谢谢你们的好意,我知道你们对我的好,但是我该走了。我曾经发誓活不过15岁,死亡是我多年的梦想,今天清零了!"(《中国青年报》,2015)

——贵州毕节4名留守儿童服毒自杀前所留遗言

2015年6月9日,贵州省毕节市发生一起同属一家的4名留守儿童集体服毒自杀悲剧事件。事发当天,《人民日报》发表评论称"当年的承诺又成了句口号。亲人不管、救助失灵,凋敝的乡村,深藏着多少孤独与无助?亏欠孩子,就是葬送未来。彻查追责,许留守孩子一个健康的童年",迅速引起社会对该事件的关注。[①] 随后,《光明日报》《中国青年报》和《中国社会报》以及中国新闻网、澎湃新闻网、凤凰网等各类新闻媒体予以密集报道,一时之间留守儿童成为全社会热切关注的群体。随着新闻媒体和公共舆论对该事件关注的持续升温和发酵,实务界开始从国家政策层面和公共服务层面回应农村留守儿童问题。2016年1月27日,李克强总理在国务院常务会议上作出重要指示——"决不能让留守儿童成为家庭之痛社会之殇!"他指出:"当前中国处在特殊发展时期,大量外出务工人员为我国经济建设作出了特殊贡献,但也因多种复杂的现实原因,形成了数以千万计的留守儿童,这种现象短时期内恐怕难以消除。"

相比之下,学术界早在2004年前后已发现正在浮现的农村留守儿童群体及其相关问题,并由此开展系列研究,为政府部门、新闻媒体、社会公众认知和理

---

① 王帝.什么是压垮毕节四兄妹的最后一根稻草[N].中国青年报,2015-06-16(6).

解农村儿童留守现象提供了理论指引。最早公开发表的学术成果是由中央教育科学研究所的"中国农村留守儿童问题研究"课题组于 2004 年在《教育研究》发表的《农村留守儿童问题调研报告》。该调研报告指出，农村留守儿童因家庭、学校与社会多方面的原因，在学习、生活与心理方面出现多重问题。[①] 此后，农村留守儿童群体逐步成为社会学、教育学和心理学等领域的学者们重点关注的群体，而有关的学术成果也逐年大幅增长。

2012 年，全国妇联儿童工作部和中国人民大学人口与发展研究中心共同组建课题研究组针对全国农村留守儿童和城乡流动儿童开展研究，于 2013 年在《中国妇运》发表《全国农村留守儿童 城乡流动儿童状况研究报告》。该报告估测出全国有逾 6 102 万的农村留守儿童和 3 581 万的 0—17 岁城乡流动儿童，并采用社会统计方法全面揭示了这两类儿童群体的总体特征、问题与需要所在，同时提出满足这两类儿童福利需要和应对相关问题的对策建议。[②] 在中国期刊全文数据库中，以 2022 年 6 月 20 日为时间节点统计的以上两项研究报告的引用量分别为 1 195 次和 731 次，下载量分别为 26 726 次和 8 934 次。这组资料从侧面反映出学术界在理论研究层面回应农村留守儿童问题的积极努力和重要影响。

2015 年 6 月 19 日，共青团中央中国青少年研究中心成立的"全国农村留守儿童群体状况调查"课题组在《光明日报》刊发《关于农村留守儿童群体存在问题及对策的调研报告》。该报告指出农村留守儿童面临 9 个突出问题：(1) 留守儿童的意外伤害凸显；(2) 留守儿童的学习成绩较差，学习兴趣不足；(3) 留守儿童社会支持较弱，心理健康问题比较突出；(4) 留守女童负面情绪相对明显；(5) 留守男童问题行为令人担忧；(6) 青春期叠加留守使得初二现象更为显著；(7) 父母外出对小学四年级儿童影响更大；(8) 寄宿留守儿童对生活满意度相对较低；(9) 母亲外出的留守儿童整体状况欠佳。这项报告直呈了农村留守儿童因缺乏足够的照顾和关爱而面临的多种问题和风险，并呼吁全社会关注这类特殊弱势儿童，积极回应他们在生活、学习和心理上的需求和问题。

在学术界、新闻媒体、社会公众的呼吁和倡导下，政府对农村留守儿童问题的政策干预和服务提供得以不断升级和加强。李克强总理在国务院常务会议上作

---

① 吴霓.农村留守儿童问题调研报告[J].教育研究,2004(10):15-18,53.
② 全国妇联课题组.全国农村留守儿童 城乡流动儿童状况研究报告[J].中国妇运,2013(6):30-34.

出批示"决不能让留守儿童成为家庭之痛社会之殇",并对如何加强农村留守儿童关爱保护工作作出了具体部署①。随后国务院下发《关于加强农村留守儿童关爱保护工作的意见》,指出部分农村留守儿童因与父母长期分离,缺乏亲情关爱和有效监护而产生诸多身心不良、行为偏差以及权益受损等问题,既而要求各级政府要尽快构建家庭尽责、政府主导、全民关爱的多元主体参与的农村留守儿童关爱保护工作体系,特别强调要落实家庭监护主体责任,强化家庭监护和委托监护的督促指导,以确保农村留守儿童得到妥善监护照料、亲情关爱和家庭温暖。

在该政策的引导下,经国务院批准,由民政部、中央综治办、最高人民法院等八部委于2016年联合下发《关于在全国开展农村留守儿童"合力监护、相伴成长"关爱保护专项行动的通知》,在全国启动以无人监护、父母一方外出另一方无监护能力、失学辍学、无户籍农村留守儿童为重点干预对象的关爱保护专项行动。该专项行动直接促进了以家庭为基础、政府为主导和社会为协力的农村留守儿童关爱保护体系的构建。随着专项行动的深入,社会工作作为专业服务力量也被纳入体系之中。为进一步贯彻落实政策精神,民政部、教育部、财政部、共青团中央和全国妇联五部委于2017年又联合下发《关于在农村留守儿童关爱保护中发挥社会工作专业人才作用的指导意见》,提出充分发挥社会工作在回应农村留守儿童心理社会服务需求、促进农村留守儿童全面健康成长方面所具有的专业价值和积极作用。2019年,民政部、教育部等十部委又联合下发《关于进一步健全农村留守儿童和困境儿童关爱服务体系的意见》,明确以设立村(社区)儿童主任和乡镇(街道)儿童督导员来夯实基层儿童福利工作力量,进一步健全农村留守儿童专业服务体系。

从以上所述可以显见的是,在社会舆论、学术研究、公共政策的共同作用下,农村留守儿童已然被视为面临多种社会问题与社会风险的特殊儿童群体,如何帮助这一群体改善生存状况、保障合法权益、促进身心健康发展则成为实务界和学术界乃至全社会的共同责任和目标。从儿童福利和儿童社会工作视角而言,儿童具有天然的脆弱性、依赖性以及受保护需要,如儿童需要通过成人获得衣食、教育、医疗、住房、休闲等方面的服务和资源,还需要成人提供保护以消减

---

① 李克强:决不能让留守儿童成为家庭之痛社会之殇[EB/OL].(2016-01-29)[2022-06-20]. http://politics.people.com.cn/n1/2016/0129/c1024-28097377.html.

因其本身的身心不成熟、不健全或因外部的贫困、灾害、歧视、排斥等因素导致的脆弱性和风险。[①] 观照西方国家的儿童福利体系和理念，儿童福利工作被视为以儿童为关怀核心，以家庭为服务对象的社会福利工作，儿童福利工作的核心议题主要包括儿童保护、儿童与家庭福祉、家庭支持三大主题。由此而论，农村留守儿童关爱保护工作作为儿童保护事业的重要组成部分，必然需要遵循儿童福利工作的理念和方法，而首要的原则是将着力点定位于家庭，以提升家庭功能和照顾能力为核心目标。

从社会变迁视角而言，农村留守儿童群体规模是伴随我国改革开放中的"民工潮"快涨进程而同步增长的。20 世纪 80 年代，我国开启了大规模的工业化、城市化与现代化进程。由此而始，农村农业技术发展与推广所衍生的劳动力大量剩余对农民工进城产生了巨大的推力，城市建设与工业发展对劳动力需求的快速增长又对农民工进城产生了巨大的拉力。在这对推、拉力的作用下，我国的农民工进城发展态势强势。农民工又分为"离土不离乡"（即农民进入乡镇企业从事工业生产工作仍居住在农村）的本地农民工和"离土又离乡"（即农民进入城市工作且不居住在农村）的外出农民工两种类型。农村留守儿童主要是外出农民工的未成年子女。2022 年外出农民工为 17 190 万人，其中跨省流动的占比约为 41.1%。[②] 农村留守儿童主要是这些农民工外出后被留守在农村户籍地区生活的孩子。

相应地，在外出农民工规模快速增长的同时，农村留守儿童规模也在快速增长。这些农村留守儿童分布在不同类型的家庭中接受照顾和成长生活。据 2016 年民政部、教育部和公安部联合摸排统计数据显示，完全由（外）祖父母进行隔代家庭照顾的农村留守儿童就多达 805 万。[③] 对于农村留守儿童而言，由于他们的父母长期在外务工和居留，因而与他们在日常互动和共同生活方面遭受着显著的时空隔离，以至于他们无法完整地得到来自父母的日常家庭照顾和关爱保

[①] Smart R. Policies for orphans and vulnerable children: a framework for moving ahead[M]. Washington: Policy, 2003: 203-205.

[②] 国家统计局. 2022 年农民工监测调查报告[EB/OL]. (2023-04-28)[2023-09-10]. http://www.stats.gov.cn/sj/zxfb/202304/t20230427_1939124.html?eqid=993d615400000ee8000000036461c7e8.

[③] 留守儿童骤减，精准帮扶更有条件[EB/OL]. (2016-11-16)[2023-09-10]. http://www.sohu.com/a/118985799_117503.

护，因缺乏父母的直接照顾和关爱保护而遭受各种风险和问题。①

本研究者正是抱持一种谨慎的专业反身性，认为应该通过深入的研究来呈现农村留守儿童的真实家庭生活与身心成长状况和家庭照顾情况，检视政策与服务中对他们及其家庭照顾所可能产生的偏见和标签化。农村留守儿童问题的产生不在于其自身，而在于不良的外在环境、制度与文化因素致使他们处于不利处境，更直观地说农村留守儿童问题实质上是家庭和社会问题。② 这一问题的症结在于长期的和反复的父母外出和亲子分离导致家庭照顾功能弱化或失灵。③

---

① 潘璐，叶敬忠."大发展的孩子们":农村留守儿童的教育与成长困境[J].北京大学教育评论,2014,12(3):2-12.
② 童小军.国家亲权视角下的儿童福利制度建设[J].中国青年社会科学,2018,37(2):102-110.
③ 聂飞.农村留守家庭研究综述[J].华南农业大学学报(社会科学版),2017,16(4):53-64.

第二节 研究目的

农村留守儿童议题经由社会建构和学术建构双重路径演化后成为学术界和实务界非常重视的一个儿童福利与保护议题。[①] 从现有文献来看，对农村留守儿童的隔代家庭照顾持有偏见和污名化取向的现象比较明显，大多研究未能深入认识到隔代家庭照顾的独特价值和优势，失之偏颇地将农村留守儿童出现的许多问题归因为隔代家庭照顾模式。[②] 再者，从实务层面来看，经由学术建构和舆论建构，留守儿童群体被问题化后成为一个急需从实务层面进行干预和服务的群体。[③] 因而我国政府近年来制定了系列政策并启动了关爱保护行动，其目标在于消减农村留守儿童群体及其问题。从家庭视角而言，这些举措的核心目标在于通过保护性、支持性、发展性与替代性的干预服务和资源支持，来优化和提升农村留守儿童的家庭照顾功能和质量。由此引申出来一个重要的学术议题就是农村留守儿童的家庭照顾研究议题，只有深入研究家庭照顾状况和照顾模式的特点、问题和优势，才能从政策上和实务上更好地回应农村留守儿童生存与发展需要，提升家庭照顾功能和质量。因此，本书希望以农村留守儿童的隔代家庭照顾模式为研究切入点，作以下探讨：

（1）探讨农村留守儿童隔代家庭照顾的原因；

（2）探讨农村留守儿童隔代家庭照顾的模式；

（3）探讨隔代家庭照顾对照顾者与受照顾者双方的影响。

[①] 江立华.留守儿童问题的建构与研究反思[J].人文杂志,2011(3):178-183.
[②] 谭深.中国农村留守儿童研究述评[J].中国社会科学,2011(1):138-150.
[③] 罗国芬.儿童权利视角:农村留守儿童"再问题化"[J].探索与争鸣,2018(1):79-83.

第三节　研究意义

一、理论意义

现阶段，我国在推进儿童福利制度改革转型的过程中已注意到提升家庭福利的重要性与迫切性，但有关家庭福利和家庭照顾的学术研究还处于初起阶段，相关理论成果仍十分薄弱。本书以农村留守儿童群体为切入点，采用质性研究方法探讨和解释农村留守儿童群体的隔代家庭照顾的形成原因与主要影响，并借助生态系统理论探索农村留守儿童隔代家庭照顾的基本模式和典型特征，具有以下理论意义：（1）丰富本土农村留守儿童隔代家庭照顾理论发展；（2）为人们直观和深入地认知和理解农村留守儿童的隔代家庭生活及隔代家庭照顾者的照顾服务提供观察视窗；（3）为未来农村留守儿童和家庭照顾研究提供第一手参考资料。

二、实践意义

社会工作研究的独特之处在于其强烈地回应社会需要和为解决实际问题提供指引。现阶段，农村留守儿童已然成为家庭、政府、社会工作者共同关注和服务的重点弱势儿童群体，如何提供行之有效的干预服务同样成为实务部门最为关切的问题。依此而论，本书中的研究具有以下实务意义：（1）为研究参与者了解和提升隔代家庭照顾系统的功能提供直接指引；（2）为实务工作者真实和准确地把握农村留守儿童的隔代家庭照顾问题与需要提供生活化与家庭化的案例资料；（3）从实务层面提出改善和提升农村留守儿童隔代家庭照顾能力，以及构建支持网络的对策建议和实务方法。

第一章

文献探讨

本章将依据研究目的，围绕农村留守儿童隔代家庭照顾模式的相关研究文献作以下探讨：(1) 本书使用的农村留守儿童、隔代家庭照顾模式等学术名词的概念界定；(2) 本书采用的生态系统理论及建构的理论分析框架；(3) 农村留守儿童的家庭照顾状况；(4) 农村留守儿童的隔代家庭照顾状况；(5) 现有相关研究的综合检视。

第一节 核心概念界定

一、农村留守儿童

"留守儿童"一词最早出现于孙顺其的《"留守儿童"实堪忧》报道文章中。[①] 随后《人民日报》于2002年刊载《我将孩子托付谁?》主题文章,社会由此开始关注留守儿童群体及其问题,2003年中央1号文《中共中央 国务院关于促进农民增加收入若干政策的意见》明确提出解决进城就业的农民工子女入学问题,标志着留守儿童议题正式被纳入国家政策议程中。

农村留守儿童概念基本形成了广义与狭义两个类型。就广义定义而言,主要是由全国妇联儿童工作部和中国人民大学人口与发展研究中心所成立的农村留守儿童课题组提出的概念为主,他们于2012年在开展全国农村留守儿童和流动儿童研究时将农村留守儿童界定为"父母双方或一方从农村流动到其他地区,孩子留在户籍所在地的农村地区,并因此不能和父母双方共同生活在一起的儿童",留守儿童年龄范围设定为"十八周岁以下"。就狭义定义而言,则是起始于2016年国务院发布的《关于加强农村留守儿童关爱保护工作的意见》,将留守儿童界定为"父母双方外出务工或一方外出务工另一方无监护能力、不满十六周岁的未成年人"。该定义对父母外出和儿童年龄两个指标维度进行了收缩。随后,民政部、公安部和教育部在全国联合开展农村留守儿童摸排工作时,在国务院政策所

---

① 孙顺其."留守儿童"实堪忧[J].教师博览(上旬刊),1995(2):10.

提出的留守儿童定义的基础上,将农村留守儿童概念操作化为"父母双方外出务工或一方外出务工另一方无监护能力,无法与父母正常共同生活的不满十六周岁农村户籍未成年人"。

一般而言,国家政策能为社会福利和社会服务的实践发展提供超强的行政推力和超高的合法性依据,因而国务院下发的《关于加强农村留守儿童关爱保护工作的意见》作为当前面向该儿童群体的国家层级政策,必然成为各级政府和社会组织开展农村留守儿童关爱保护服务工作的推力和指南。本书以回应实务工作及为政策执行提供参考为目标,采用该政策所提供的农村留守儿童的概念框架,将农村留守儿童界定为"父母双方外出务工或一方外出另一方无监护能力,居留在农村户籍所在地的,不满十六周岁的未成年人"。采用这一概念主要有两方面的考虑:一是学术界有关农村留守儿童的概念探讨一直处于争而不定的状态,而国家政策所确定的概念具有较高的认同度和权威性;二是国家依据政策定义来建构农村留守儿童福利体系和动态信息监测系统,因而采用这一与国家政策接轨的概念,有利于研究过程的推进和研究结果的应用。

二、隔代家庭照顾模式

(一) 家庭

家庭是社会学中常用的一个概念。家庭被视为社会的基本细胞,它是由婚姻关系、血缘关系或收养关系所构成的社会生活实体,是儿童社会化的初始场所。《现代汉语词典》(第7版)将"家庭"界定为"以婚姻和血统关系为基础的社会单位,包括父母、子女和其他共同生活的亲属在内"。费孝通认为人类学上的"家庭"是指由亲子所构成的生育社群,亲子指涉家庭的结构,而生育指涉家庭的功能,亲子包含父母在内的双系关系,而子女则指涉配偶所生的孩子,这种家庭存在的主要价值是子女的生与育。[①] 古德曼(Goodman)认为家庭是通过血缘、婚姻或收养关系结合而成的一个相对持久的社会团体。家庭作为最重要的福利提供主体,具有福利生产和传递功能。对于儿童而言,家庭不仅是他们社会化

---

① 费孝通.乡土中国[M].北京:人民出版社,2008:45-48.

的第一场所，而且为他们提供照顾，让他们在成长中拥有必要的资源和关爱。①

费孝通认为家庭对于受儒家文化影响的东方国家和地区而言意义非凡，因为家庭是最基本的生活单位，特别是在中国的乡土社会中，家庭不仅具有生育和抚育功能，还兼具经济支持、情感维系和两性合作等功能。②他认为父母在抚养孩子的过程中，主要有为儿童成长发育提供必要营养的生理性抚育和教导子女习得社会规范及必要社会技能的社会性抚育。王跃生则在梳理民国至现阶段不同学者对家户、家庭和家的意涵的不同理解和使用情况的基础上，将家庭界定为由具有主要抚养、赡养义务和财产继承权利的成员所形成的亲属团体与经济单位。③这里所说的亲属团体和经济单位是并立条件要件，只有两者同时符合才可构成完整意义上的家庭，这些家庭成员间不仅存在血缘、姻缘或收养关系，而且构成法定意义上的义务和权利关系。特里维特（Trivette）则认为家庭作为个体与社会的结合点，一般具有义务、内聚、沟通、能力、应对五种基本功能。

（二）家庭照顾

依据托马斯（Thomas）的观点，家庭照顾涉及照顾者与受照顾者、照顾关系与过程、照顾内涵与社会意义、经济性照顾关系、照顾文化与制度五个维度。托马斯指出从美国的家庭政策视角来看，家庭照顾实际上包含四个方面：（1）家庭维系，如结婚或者离婚，生养或者收养小孩，为某些小孩提供寄养；（2）经济支持，如为家庭成员提供基本生活所需；（3）儿童养育，如未成年子女的社会化和教育；（4）家庭照料，如为残疾人、生病者、老年人、未成年子女提供帮助和看护。④德国《民法典》则将父母对子女的照顾责任明确为保障和促进子女在身体、心灵、精神、社会和经济等各层面的利益，并将照顾目标设定为不断促进子女人格独立和经济自主，该法案还将儿童照顾划分为身体照顾和财产照顾两个部分。⑤

我国的家庭照顾和儿童照顾理论与实务发展目前仍然十分薄弱，现有学术文

---

① 吕朝贤,吕慧玲.教养方式与学童幸福感[J].人文社会科学研究,2014(3):79-101.
② 费孝通.乡土中国[M].北京:人民出版社,2008:43.
③ 王跃生.中国家庭代际功能关系及其新变动[J].人口研究,2016,40(5):33-49.
④ Bogenschneider K. Family policy matters: how policymaking affects families and what professionals can do[M]. New York: Routledge, 2014.
⑤ 王葆莳."儿童最大利益原则"在德国家庭法中的实现[J].德国研究,2013,28(4):35-51,126.

献也未对家庭照顾做出清晰的概念界定。但随着人口流动加剧、工作参与度提高、儿童抚养精细度增高、儿童抚养成本增多，以及随之浮现的"儿童照顾危机"，近年来学术界开始从儿童福利、家庭照顾和社会照顾三个视角着手研究儿童照顾议题。① 虽然目前少有直接探讨儿童照顾概念的文献，但与之有相近内涵的"家庭教养"议题的文献却十分丰富。这源于近年来西方儿童教养理论快速发展和被积极引入国内，促使国内儿童教养理论研究得以快速发展。徐慧在综合西方相关理论的基础上将家庭教养界定为父母对子女抚养教育过程中所表现出来的相对稳定的教养观念、教养态度、教养行为与教养方法。家庭教养包括三个方面的要素②：(1) 父母面向子女的教养态度、情感关爱和教养目标；(2) 父母面向子女的教养实践的行为、方式和风格；(3) 子女在接受父母教养过程中所表现出的态度、认知与情感。家庭对子女的教养是通过双方互动得以实现的，既包括家长对子女的生理养育活动，也包括家长对子女的价值观念、行为方式与社会规范的传导和教育。由此可见，面向儿童的家庭照顾与家庭教养在内涵上具有一致性，其功能和目标都在于促进儿童身心健康和社会化，但家庭教养偏重于以父母为中心实施教养行为和活动，而家庭照顾则偏重于以儿童为中心为满足儿童需要而提供资源和服务。研究者结合上述观点，将本书中的家庭照顾界定为家庭为家庭成员提供衣食、居住、医疗、教育、消费、情感等方面所需资源和条件的活动与服务。

(三) 隔代家庭照顾

隔代家庭照顾是指祖辈对未成年孙辈的照顾活动，其包含祖辈对孙辈的生活照料、经济支持、精神关爱和教育培养，相比于重在孙辈教育培养目标的隔代抚养的内涵更为广泛。③ 在我国的学术界，仍较少使用"隔代家庭照顾"一词，而常见使用的是与之具有相近内涵的"隔代教养""隔代抚养""隔代教育"等名词。这些名词在内涵上具有相近性和一致性，都呈现的是祖辈与孙辈之间的一种双向互动关系，祖孙两代在一起共同生活，由祖辈承担对孙辈的全部或主要的抚

---

① 岳经纶,范昕.中国儿童照顾政策体系:回顾、反思与重构[J].中国社会科学,2018(9):92-111,206.
② 徐慧,张建新,张梅玲.家庭教养方式对儿童社会化发展影响的研究综述[J].心理科学,2008(4):940-942.
③ 林卡,李骅.隔代家庭照顾研究述评及其政策讨论[J].浙江大学学报(人文社会科学版),2018,48(4):5-13.

养与教育责任。① 我国台湾地区将"隔代教养"界定为子女由父母亲的长辈抚养长大的情形，如孩子由祖父母、外祖父母以及伯祖父母、叔祖父母等祖辈抚养长大。隔代家庭照顾又可依据照顾主体承担照顾责任的情形有着广义上的和狭义上的定义，广义的隔代家庭照顾是指（外）祖父母双方或任何一方与孙子女有共处的时间，并承担孙子女的全部教养责任或承担部分时段下的孙子女的教养责任；狭义的隔代家庭照顾是指（外）祖父母双方或任何一方完全代理父母承担孙子女的全部教养责任。②

（四）模式

《现代汉语词典》（第7版）将"模式"释义为"某种事物的标准形式或使人可以照着做的标准样式"。佩恩（Payne）则认为"模式"是主体行动的一般方式，它是从实务中所提取出的具有一般性、规律性、重复性、结构性和可操作性的原则、方式、流程和样式。它还可以被理解为在特定条件下，为实现某一特定目标而采取的一系列具有规律性的方式与方法的综合，既包含了实现目标所采取的具体方式和方法，也包含了实现目标的指导思想和工作原理。③

（五）隔代家庭照顾模式

依据研究目的，本书主要是研究隔代家庭照顾者在照顾农村留守儿童过程中所呈现的具有典型意义的照顾类型和方式。因此，研究者结合上文所界定的相关核心概念，将针对农村留守儿童的隔代家庭照顾模式界定为隔代家庭照顾者（祖父母或外祖父母）在与受照顾留守儿童（孙子女或外孙子女）共同生活并承担全部或主要照顾责任的过程中，所发展出来的旨在满足受照顾留守儿童身心发展、权益保障和社会化需要的具有一定规律性和结构性的照顾服务理念、方式、方法、模型和原理。

---

① 张琦妍,李丹.国内外隔代抚养之痛与对策分析[J].外国中小学教育,2015(11):23-28.
② 许嘉家,林玟伶,卢玟伶.我国隔代教养的现况及学校的因应策略:参以美国隔代教养方案[J].学校行政,2007(1):335-347.
③ 肖贵清.论中国模式研究的马克思主义话语体系[J].南京大学学报（哲学·人文科学·社会科学版）,2011,48(1):5-12.

第二节 相关理论基础

布朗芬布伦纳（Bronfenbrenner）将人类发展生态学理论引入人类行为研究中，用以解释个体与其所处的社会环境所形成的交互影响关系，指出个体不仅要适应环境同时还会改造环境，而环境同样会对个体产生影响并受其影响。[①]他认为个体的心理和行为都会受到由微观系统、中观系统、外层系统、宏观系统和时间维度所构成的生态系统的影响，而该系统是一种以个体为圆心向外扩展开来的嵌套式系统，靠里一层较小的系统都会被靠外一层较大的系统所包含。学者蔡启源将生态系统理论引入社会工作实务体系构建中，认为生态系统理论在社会工作实务中具有较好的适用性。

(一) 微观系统

微观系统的核心就是处于生态环境中的个体（包括心理、生理和社会特征和状态），以及如家庭、亲友、学校等个体活动和交往的最直接环境。个体在这些场域中体验所发生的活动、角色和人际关系，并从中认知和适应环境。

(二) 中观系统

中观系统是指各微观系统之间的交互作用，强调的是微观系统之间的联结。微观系统间的交互作用如果是积极的则对个体发展产生正向作用，反之如果微观系统间的交互作用是消极的则对个体发展产生负向作用。如儿童在家庭中养成的行为习惯会影响其在学校的表现。

---

① Bronfenbrenner U. The ecology of human development: experiment by nature and design[M]. Cambridge Mass: Harvard University Press, 1979.

（三）外层系统

外层系统是指那些个体并未直接接触但对个体发展产生作用的系统。如父母的工作单位、社区医疗机构、大众媒体等。布朗芬布伦纳指出在开展儿童服务时要注意在家庭以外寻找问题的根源和破解之策。

（四）宏观系统

宏观系统是指存在于微观系统、中观系统、外层系统中的文化、亚文化、习俗、法律、意识形态等。宏观系统不对个体的具体情景产生直接影响，但它为具体情景和事物发生的社会结构和社会环境设定了样式和形态。

（五）时间维度

布朗芬布伦纳将时间作为研究儿童个体的参照系，强调要将时间和环境结合起来探究儿童个体发展的动态过程。随着时间的推移，儿童自身及所处的环境会发生变化，在这一过程中个体会选择适应环境变化或影响环境改变。所谓时间维度就是要关注到在个体的人生发展的每个阶段都会出现"生态转变"，如升学、入职、结婚、退休等正常变动以及如患病、受灾、失业、离异等非正常变动。通过时间维度就可以关注到人生发展阶段变换中的"生态转变"过渡点。

上述生态系统理论模型为本书中的研究提供了重要的理论视角和分析框架。因为农村留守儿童的隔代家庭照顾是一个多系统交互作用的动态过程，特别是隔代家庭照顾者系统和父母支持系统之间的协作和互动对隔代家庭照顾的能力和质量会产生至关重要的影响。此外，隔代家庭照顾系统还将受到祖孙关系系统、亲子关系系统、婆媳关系系统、亲属关系系统以及邻里关系系统等多种系统的影响。每个家庭都有自身的生命周期，隔代家庭照顾者和受照顾儿童的年龄变化、父母外出务工时长变化及与之对应的隔代家庭照顾时长变化、父母婚姻期变化都会影响到家庭生命周期和家庭生态系统的变化，从而会对隔代家庭照顾产生相应的影响。家庭照顾系统中各微观系统在与其他系统间的交互作用过程中所形成的具有一定规律性、结构性和一贯性的方式、原则、类型和特征则会形成特定的隔代家庭照顾模式。依据本书的研究目的和研究问题，需要重点探讨的是农村留守儿童的隔代家庭照顾者系统、受照顾儿童系统、父母系统之间的互动和影响。据此，研究者借助布朗芬布伦纳的理论构建了本书所需的理论分析框架，如图 1-1

所示。需要说明的是，生态系统理论的应用与解释涉及不同层级系统之间的互动与联结，但考虑到农村留守儿童的家庭照顾主要是由（外）祖父母子系统和父母子系统来协作完成的，因此本书试图运用该理论分析框架重点探讨由（外）祖父母、父母和（外）孙子女所构成的家庭系统内的隔代家庭照顾议题。

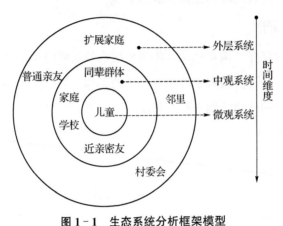

图 1-1　生态系统分析框架模型

图片来源：作者自制

第三节　农村留守儿童的家庭照顾研究

父母外出务工所带来的直接家庭影响是家庭照顾结构变动和亲子时空分离，致使农村留守儿童在成长和日常生活中不能像其他一般家庭的孩子那样获得足够的来自父母的照顾和关爱。① 由于父母外出的人数和时段存在差异，因而所形成的家庭照顾模式和照顾影响也会存在差异。所以，在探讨农村留守儿童的隔代家庭照顾议题时，有必要先回顾农村留守儿童的总体家庭照顾状况。虽然目前家庭照顾尚且还不是留守儿童研究的重点学术议题，但现有研究也对此议题进行了关注和探讨，并形成了较为丰富的学术研究成果。研究者在此对相关文献进行梳理和分析。

一、农村留守儿童规模研究

谢宇认为在进行我国社会研究时，要关注本土社会的内部差异程度和类型特征。② 农村留守儿童属于我国社会转型期独有的社会变迁现象，在探究这一群体时需要深入考察其内在的群体差异和类型特征。因此，有必要了解农村留守儿童的总体规模，才能更好地把握其内在的差异性和多样性。有关农村留守儿童的规模，出现了学术界推算和官方统计所产生的两类数据。首先，学术界自 2013 年开始对农村留守儿童的总体规模进行测算。全国妇联儿童工作部和中国人民大学人口与发展中心共同组成的农村留守儿童研究课题组是较早也是较权威研究该群

---

① 谭深.中国农村留守儿童研究述评[J].中国社会科学,2011(1):138-150.
② 谢宇.走出中国社会学本土化讨论的误区[J].社会学研究,2018,33(2):1-13.

体的学术机构,据他们在2013年所发布《全国农村留守儿童 城乡流动儿童状况研究报告》的推算数据显示,全国十八周岁以下的农村留守儿童规模约为6 102.55万人,占农村儿童总量的37.7%,占全国儿童总量的21.88%。此外,段成荣利用人口普查资料测算出2000年、2005年、2010年和2015年四个时间节点的全国留守儿童的规模数据①,如表1-1所示。从表中可以看到农村留守儿童规模在2005—2010年间处于增长的趋势,而2010—2015年则略有下降,2005—2015年的十年间,农村留守儿童基本维持在5 400万以上的规模水平。值得注意的是学术界对留守儿童界定时所采用的年龄结构指标和父母外出结构指标比较宽泛,在年龄结构维度上将指标设定为不满十八周岁;在父母外出结构维度上将指标设定为父母一方或双方外出务工。

表1-1　2000—2015年我国留守儿童规模变动资料　　　　（单位：万人）

	2000年	2005年	2010年	2015年
留守儿童规模	2 904.3	7 326	6 972.8	6 876.6
农村留守儿童规模	2 699.2	5 861	6 102.6	5 492.5

资料来源:段成荣,赖妙华,秦敏.21世纪以来我国农村留守儿童变动趋势研究[J].中国青年研究,2017(6):52-60.

另外,官方在近年"精准扶贫"国家战略背景下也开始对农村留守儿童规模进行统计和监测。2016年,民政部、教育部和公安部联合对全国留守儿童开展摸排统计,并收窄了留守儿童群体界定所用的年龄结构指标口径和父母外出结构指标口径。在年龄维度上将指标口径缩小为不满十六周岁,在父母外出结构维度上则将指标口径设定为父母双方外出或一方外出、一方无力照顾。由于留守儿童群体的界定指标大幅缩小,因而在采用这种小口径的统计指标情况下,所摸排统计的留守儿童规模自然就会明显下降。三部门最终摸排统计发现全国农村留守儿童总量为902万人。由此所带来的是统计学意义上的留守儿童总量迅猛下降所形成的视觉冲击,但这并不能掩盖这一群体的大规模存在和群体内部多样性的存在。

---

① 段成荣,赖妙华,秦敏.21世纪以来我国农村留守儿童变动趋势研究[J].中国青年研究,2017(6):52-60.

二、农村留守儿童家庭照顾模式研究

依上所述,有关农村留守儿童照顾模式的探讨也存在学术界和官方两种不同的分类观点。在学术界,一些研究者将农村留守儿童的家庭照顾模式分为隔代家庭照顾、自我照顾、上辈照顾和同辈照顾四种基本类型。[①] 段成荣利用全国人口普查数据库数据进行研究,发现农村留守儿童家庭照顾模式可以经由父母外出结构和留守儿童居住方式两个因素进行分类。其中由（外）祖父母隔代家庭照顾的有1 996万人,约占农村留守儿童总量的32.7%;生活于单亲家庭（父母一方留居家中）的有1 751万人,约占农村留守儿童总量的28.7%;生活于单亲隔代家庭的有1 495万人,约占农村留守儿童总量的24.5%;生活于其他家庭的有860万,占比约为14.1%。[②]（如表1-2所示）

表1-2　2010年农村留守儿童家庭照顾基本类型

	隔代家庭照顾	单亲家庭照顾	单亲隔代家庭照顾	其他家庭照顾
留守儿童人数/万	1 996	1 751	1 495	860
留守儿童占比/%	32.7	28.7	24.5	14.1

资料来源:段成荣,赖妙华,秦敏.21世纪以来我国农村留守儿童变动趋势研究[J].中国青年研究,2017(6):52-60.

段成荣研究发现,2000—2015年间农村留守儿童的居住类型发生了显著变化,如表1-3。农村留守儿童与祖父母在一起的居住类型所占比重在2010年及以前维持在30%以上,但到2015年已下降至23.91%,与2010年出现的峰值比重相比下降幅度将近9%,但它仍是同时点上的主导居住类型。此外,农村留守儿童与母亲单独在一起的居住类型所占比重显著下降,2015年所占比重已经下降至14.87%,与2000年峰值比重相比下降幅度为17.68%。农村留守儿童与其他亲属在一起的居住类型比重则呈现显著上升趋势,2015年所占比重为

[①] 张克云,叶敬忠.留守儿童社会支持网络的特征分析:基于四川省青神县一个村庄的观察[J].中国青年研究,2010(02):55-59.

[②] 段成荣,赖妙华,秦敏.21世纪以来我国农村留守儿童变动趋势研究[J].中国青年研究,2017(6):52-60.

21.29%，与2000年谷值比重相比上升了21.22%。从上述数据可见，更多的母亲从子女照顾中解放出来，并由此增加了她们外出务工的机会。而农村留守儿童居住类型的不同反映的正是农村留守儿童家庭照顾模式的不同。

表1-3　2000—2015年我国农村留守儿童居住与照顾安排　　（单位：%）

留守儿童的居住安排	2000年	2005年	2010年	2015年
儿童单独留守	4.58	2.08	3.37	2.89
与父亲单独在一起	11.47	15.5	8.44	8.24
与母亲单独在一起	32.55	27.71	20.33	14.87
与父亲、祖父母在一起	5.61	7.02	8.43	12.92
与母亲、祖父母在一起	15.48	14.54	16.06	15.88
与祖父母在一起	30.24	32.8	32.67	23.91
与其他亲属在一起	0.07	0.37	10.70	21.29
合计	100	100	100	100

资料来源：段成荣,赖妙华,秦敏.21世纪以来我国农村留守儿童变动趋势研究[J].中国青年研究,2017(6):52-60.

在段成荣利用人口普查数据库的大样本对农村留守儿童家庭照顾模式进行类型分析之外，还有一些研究者采用小规模问卷调查的方式对农村留守儿童的家庭照顾模式进行了研究，值得关注的是，采用这两种不同研究方法所产生的研究结果却具有较高的一致性和呼应性。如北京上学路上公益促进中心发布的2017年度《中国留守儿童心灵状况白皮书》资料显示：有26.1%的学生处于隔代家庭照顾状态，26.9%的学生处于缺父有母照顾状态，5.1%的学生处于缺母有父照顾状态。[①] 有学者对浙江省、山东省、重庆市、四川省、江西省、湖南省、湖北省、河南省、山西省、甘肃省10省（市）9 448名义务教育阶段农村留守儿童进行调查发现，由祖父母照顾的达33.53%，由母亲照顾的达27.12%，由父亲照顾的达14.26%，由兄弟姐妹照顾的达22.62%，由其他亲属照顾的达2.47%。[②]

2016年，由民政部、公安部和教育部所代表的官方在采用缩小的统计指标

---

① 吴为.留守儿童约千万　近三成无父母照料[N/OL].新京报,2017-07-23[2023-09-16].https://www.bjnews.com.cn/detail/155151998014178.html.
② 邬志辉,李静美.农村留守儿童生存现状调查报告[J].中国农业大学学报(社会科学版),2015(2):65-74.

口径（年龄结构指标缩为不满十六周岁，父母外出结构指标缩为父母双方外出务工或一方外出、一方无力照顾）对全国农村留守儿童数量进行摸底排查统计，最终统计出农村留守儿童规模为902万，同时统计得出其家庭照顾类型状况，如表1-4。其中农村留守儿童由（外）祖父母照顾的有805万人，占89.3%；由亲戚朋友照顾的有30万人，占3.3%；无人照顾的有36万人，占4%；父母一方外出务工、另一方无照顾能力的有31万人，占3.4%。由此可见，官方的统计资料显示，隔代家庭照顾模式是他们确认的农村留守儿童的主导家庭照顾模式。换言之，该次全国摸底排查发现农村留守儿童大多是接受隔代家庭照顾的孩子。

表1-4　2016年我国农村留守儿童家庭照顾摸底排查情况

	隔代家庭照顾	自我照顾	亲友照顾	单亲（无力）照顾
留守儿童人数（万）	805	36	30	31
留守儿童占比（%）	89.3	4	3.3	3.4

三、农村留守儿童家庭照顾功能研究

农村留守儿童的家庭照顾模式除隔代家庭照顾、自我照顾、亲友照顾和单亲（无力）照顾四种类型外，还有父母一方与祖辈联合照顾等其他几种形态。可以说，农村留守儿童的家庭照顾在模式和类型上具有差异性，而不同的家庭照顾模式所产生的家庭照顾功能也相应地具有差异性和独特性。从现有文献来看，农村留守儿童问题产生的直接导因是父母不在身边照顾或不能持续在身边照顾，以至于家庭照顾结构变动与家庭照顾功能失调，难以满足这类儿童的基本需要所致。现有研究多认为父母缺位的家庭照顾难以满足农村留守儿童在教育、心理、监护、健康、安全等方面的需要和支持，导致他们处于不利的成长环境中。

（一）父母在教育支持上不够充分

教育问题是学术界和实务界最为聚焦的议题。农村留守儿童作为一个弱势群体浮现于公众视野，最先就是新闻媒体和社会公众关注到他们的受教育权益受损。[1] 一方面，城乡二元户籍与学籍制度对农民工子女入城就读与生活产生了强烈

---

[1] 陆士桢.当代中国儿童政策的指导思想和价值基础[J].中国青年政治学院学报,2004(4):18-25.

的制度排斥;另一方面,城市教育中的高额借读费、赞助费、培训费等形成的高昂教育成本和城市生活中的高额生活成本对有随迁未成年子女的进城农民工家庭产生了超常规的家庭压力。因此进入城市的农村儿童容易被排斥于"公办学校"体系之外而落入民办学校或农民工子弟学校体系接受教育,甚或直接陷入失学或辍学状态,而留守在农村或退守回农村的孩子又无法在教育上得到父母的足够支持。① 从教育支持而言,家庭主要从学业辅导、行为管教、经济支持等方面提供支持。

周宗奎调研发现农村学校班级规模大、师资力量薄弱,孩子难以获得精细的关怀和教育,而父母不在身边也难以提供相应的支持和教育。② 有研究指出,父母不在身边会导致留守儿童缺乏安全感,他们平时从临时照顾他们的亲友身上获得的约束和管教比较少,而他们遇到问题时也很少向亲友吐露实情和寻求支持。③ 肖正德综述前人研究指出,在农村留守儿童教育中易出现学校和家庭双向"空档"现象,如学校认为家庭会加强孩子的品行管教和学业督促,而家庭也同样认为孩子的教育已交由学校负责,而实际上却出现了"两头不管"的现象。④ 父母外出务工的优势是部分家庭能够在孩子的教育和日常消费上提供支持,但也有一些学生却因较少得到父母的经济支持而陷入贫困状态。⑤ 有研究者认为父母外出务工能够增加留守儿童教育投入,因而留守儿童入学率要优于非留守儿童。

(二) 照顾者难以胜任家庭教育

詹森 (Janssens) 研究发现家长风格、家庭关系、家庭结构以及家庭交互模式,对孩子的心理与行为有重要影响。父母外出会直接带来家庭结构和家庭交互模式的深刻变化,因而农村留守儿童的行为方式会受到很大影响。从家庭照顾而言,由于家庭照顾系统中的主轴互动关系由双亲亲子关系为主导转向祖孙关系、单亲亲子关系为主导,因而其照顾机制也随之发生变动。⑥ 如此一来,农村留守

---

① 段成荣.要重视流动儿童少年的教育问题[J].人口学刊,2001(1):54-57.
② 周宗奎,孙晓军,刘亚,等.农村留守儿童心理发展与教育问题[J].北京师范大学学报(社会科学版),2005(1):71-79.
③ 胡枫,李善同.父母外出务工对农村留守儿童教育的影响:基于5城市农民工调查的实证分析[J].管理世界,2009(2):67-74.
④ 肖正德.我国农村留守儿童教育问题研究进展[J].社会科学战线,2006(1):246-249.
⑤ 陈静,王名.入乡随俗的"社会补偿":社区营造与留守儿童社会保护网络构建:以D县T村的公益创新实验为例[J].兰州学刊,2018(6):172-186.
⑥ 林卡,李骅.隔代照顾研究述评及其政策讨论[J].浙江大学学报(人文社会科学版),2018,48(4):5-13.

儿童在学校教育和家庭教育方面与非留守儿童相比会产生较大的差异。值得注意的是，现有研究在农村留守儿童家庭教育的评价上问题化取向诸多。学术界多认为父母外出后对留守儿童的家庭教育与管理功能产生弱化作用，隔代家庭照顾者可能因文化水平低、家务负担重、管教不善等因素难以为留守儿童提供足够的辅导、教育和管教，以至于留守儿童在学习动机、学习态度、学习习惯、学习目标、学习方式等方面处于不利境地，并易出现学业不良、厌学、辍学问题以及其他行为问题。[1]

学者们认为留守儿童承担劳务过多挤占了其学习时间，照顾者文化水平低难以胜任学业辅导，亲子分离的负面情感不利于学业发展，读书无用观念制约儿童学习与家庭支持动力，教育资源分布失衡制约教育质量。[2] 有研究者认为父母外出最严重的问题是导致留守儿童缺乏情感教育和亲情关怀，孩子容易产生心理失衡、道德失范、行为失控甚至犯罪的倾向。[3] 此外，也有研究对留守儿童的家庭教育持正向看法。许琪通过对"中国教育追踪调查"（2013—2014学年）基线调查数据的深入分析，发现只有母亲单独外出才对农村留守儿童的学习成绩具有显著的负面影响。[4] 雷万鹏与向蓉研究发现农村留守儿童家庭在务工赚钱与监管儿童学习的权衡与取舍上存在"创学并重"和"创收至上"两种模式，对于"创学并重"家庭而言，父母常选择就近务工或一方留守一方外出，从而兼顾子女的学业监管和亲情陪护，这类家庭的留守儿童在身心健康和学业表现方面的状况都比较好。[5]

（三）家庭照顾风险与问题凸显

父母外出所带来的直接影响是家庭照顾人员结构和照顾模式发生变动，进而可能导致留守儿童面临新的风险与问题。国务院在《关于加强农村留守儿童关爱保护工作的意见》中指出，部分留守儿童因为与父母长期分离而缺乏亲情关爱和有效监护，出现心理健康问题甚至极端行为，遭受意外伤害甚至不法侵害的问题和风险。有研究者认为父母外出会导致家庭功能失灵，最显著的影响就是缺少沟

---

[1] 柳兴忠.基于农村留守儿童教育问题的思考[J].基础教育研究,2021(18):8-9.
[2] 吕利丹.留守儿童的困境观察[J].社会治理,2016(6):93-97.
[3] 易锦艳.为农村留守儿童开展立德树人教育势在必行[J].中国教育学刊,2018(9):102.
[4] 许琪.父母外出对农村留守儿童学习成绩的影响[J].青年研究,2018(6):39-51.
[5] 雷万鹏,向蓉.留守儿童学习适应性与家庭教育决策合理性[J].华中师范大学学报(人文社会科学版),2018,57(6):174-182.

通导致亲子关系疏远，家庭管教松弛导致儿童行为失范，家庭教育阻滞导致儿童价值观偏移，家庭外部支持不足导致家庭应对功能弱化。① 他们认为家庭教育和照顾方式不当或照顾能力不足，容易导致留守儿童社会化过程阻断而出现心理、行为、学业方面的问题。② 有学者从家庭照顾类型探讨了不同的教养模式所产生的影响，如隔代家庭照顾类型中存在照顾者重养轻教取向和祖孙关系不平等化等问题，亲友照顾类型中存在照顾者重安全轻管教和让儿童产生寄人篱下的排斥感，单亲照顾类型中存在女性照顾者居多及无力开展生活照顾和课业辅导问题，同辈照顾类型中存在在外务工的父母以物质满足为主和亲子关系疏远问题。

范方则从心理学学科视角出发，研究发现父母不在身边照顾会导致农村留守儿童出现人格障碍问题，具体集中表现于行为不良和学业不良。③ 卢利亚综合一些研究者的观点，将自卑孤僻、抑郁焦虑、敏感冲动和偏激叛逆归类为"农村留守儿童心理症候"，并认为亲子依恋缺失、需要剥夺、行为习得机会缺乏是农村留守儿童心理病变的基本致因，而家庭关系畸变、关爱服务粗放、城乡发展失衡、空间正义缺失、社会价值迷失则是外部影响条件。④ 赵峰采用心理健康测量指标针对农村留守儿童和非留守儿童进行研究发现，农村留守儿童的整体心理健康状况要明显弱于非留守儿童，其研究指出农村留守儿童与同伴关系疏远表现为少语，少与人交往，而相比之下与成人关系疏远就表现为以同伴关系为中心，具体表现在农村留守儿童遭遇困境和挫折时倾向于向同伴诉说。⑤ 此外，父母外出客观上造成父母在孩子的生活照顾上的"缺位"和亲子关系结构的松散，这带来的一个问题是留守儿童的家庭责任感会被削弱。⑥

---

① 崔丽娟,肖雨蒙.依托乡村振兴战略改善社会支持系统:留守儿童社会适应促进对策[J].苏州大学学报(教育科学版),2022,10(1):20-30.
② 崔丽娟,肖雨蒙.依托乡村振兴战略改善社会支持系统:留守儿童社会适应促进对策[J].苏州大学学报(教育科学版),2022,10(1):20-30.
③ 范方,桑标.亲子教育缺失与"留守儿童"人格、学绩及行为问题[J].心理科学,2005(4):855-858.
④ 卢利亚.农村留守儿童心理症候探析[J].求索,2016(11):57-61.
⑤ 赵峰.农村留守儿童心理健康状况及教育对策[J].首都师范大学学报(社会科学版),2010(3):128-130.
⑥ 吴重涵,戚务念.留守儿童家庭结构中的亲代在位[J].华东师范大学学报(教育科学版),2020,38(6):86-101.

第四节　农村留守儿童的隔代家庭照顾研究

由前述可知，2016年经由民政部、教育部与公安部进行全国摸底排查后统计得出，全国有805万农村留守儿童属于完全由祖辈（祖父母或外祖父母）照顾的类型。这类农村留守儿童及其隔代家庭照顾成为当前国家政策和实务干预的重点对象，也是本书研究关注和回应的核心议题，因而对其相关的研究进行专门探讨有着非常重要的意义。

一、农村留守儿童的照顾需要研究

社会福利制度设置的目标就在于满足社会成员的需要。马斯洛（Maslow）从人类动机角度提出人类具有生存、安全、归属感、尊重、自我实现五个层次的需要，多伊和高夫则认为人类要经由中介需要的满足（即有适当的营养、住宅、安全保障、健康照顾、经济支持、教育等）才能达到基本需要的满足（即有身体健康与精神自主）[1]。就儿童需要的视角而言，农村留守儿童首先作为儿童，其与成人同样拥有一般性的需要，但又具有联合国《儿童权利公约》所规定的生存、发展、参与和受保护方面的儿童特有的权益保障需要和照顾需要。有研究者认为受隔代家庭照顾的农村留守儿童最主要的问题是缺乏关爱和保护，他们主要和祖辈共同生活，因而普遍与父母的亲情联系不够紧密，再加之家庭照顾功能无

---

[1] 彭华民.西方社会福利理论前沿:论国家、社会、体制与政策[M].北京:中国社会出版社,2009:32-33.

法充分发挥,由此产生诸多心理、行为、安全、教育方面的问题。[①]

父母是儿童最早接触的重要他人和学习的榜样,更是他们的生活照顾者和行为训导员;透过家庭环境、情感氛围和举止言谈,儿童能够受到潜移默化的影响,进而形塑自己的认知、性格、人格形态。[②] 也就是说父母采取不同的照顾方式,则会形塑出孩子不同的行为模式、个性特征以及幸福感。由此而论,父母在农村留守儿童的童年生活中未有效担任生活照顾者和行为训导者角色,因而会对儿童的身心成长和社会化造成一定影响。比如父母外出后会导致农村留守儿童的管教和监督松散,常出现学习、心理、品德和行为方面的问题,这是因为他们成长所需的行为监督和心理引导未得到满足和保障。[③] 亲子关系是家庭关系的核心纽带,对整个家庭的和谐氛围和健康发展起到引领作用,然而父母外出所产生的亲子分离和亲子关系割裂会直接导致家庭内部调节和监控功能的失调,亲子关系疏远和亲子关爱缺失的状况又阻碍了农村留守儿童发展积极的心理体验和行为规范,进而弱化其归属感和安全感并使其产生心理和行为问题。[④] 由此而论,恢复、修复、完善、增强农村留守儿童家庭照顾模式的功能和作用是满足他们照顾需要的基本途径。正因如此,学术界和实务界都将加强和优化家庭监护机制与功能作为最重要的策略。国家启动的农村留守儿童关爱保护专项行动,其策略就是希望通过家庭内部照顾责任强化与能力提升,家庭外部社会支持体系构建与多元福利供给,来提升农村留守儿童家庭照顾水平和质量,从而改善他们身心发展所需的环境和条件。

此外,有研究者认为增加农民工在乡就近务工机会,帮助他们实现"挣钱"与"教子"两不误才是消解农村儿童留守现象的有效途径。[⑤] 因而,国务院在《关于加强关爱保护农村留守儿童工作的意见》中所提出的扶持农民工返乡创业就业的政策思路正是采纳了这种解决策略。但是,这种策略可能忽略了我国尚处

[①] 宋月萍,张耀光.农村留守儿童的健康以及卫生服务利用状况的影响因素分析[J].人口研究,2009,33(6):57-66.
[②] 吕朝贤,吕慧玲.教养方式与学童幸福感[J].人文社会科学研究,2014(3):79-101.
[③] 张学浪.新时期农村留守儿童家庭教育纽带构建:现实困境与破局之策[J].农村经济,2016(6):124-129.
[④] 汤芙蓉.家庭功能弱化与留守儿童心理健康教育[J].当代教育论坛(管理研究),2011(7):42-44.
[⑤] 谭深.中国农村留守儿童研究述评[J].中国社会科学,2011(1):138-150.

于城市化与工业化阶段的客观事实,在这种情境中农民工继续大规模向城市转移依然是人口流动的主导方向。再者,长期的城乡经济发展差异难以在短时间内让乡村经济得到快速发展,因而乡村在吸纳和安置农村剩余劳动力上依然能力有限。换言之,让进城农民工返乡就业创业以解决农村儿童留守的政策目标在当前依然难以达成。

近年来,在政府政策的驱动和引导下,乡镇基层政府、村(居)委员会、学校及教育行政部门、群团组织、社会组织等主体采用多种方式针对农村留守儿童及其家庭提供各种支持和服务,基本可以划分为四种支持模式[①]:(1)关爱模式,即通过捐赠、补贴、援助等建立留守儿童服务中心,密切和畅通亲子沟通及感情联系,提供精神及心理辅导和帮扶;(2)社会支持模式,即通过政府、企业、媒体、社区多方提供支持,进行政策优化、产业发展、能力培训,如加强农村寄宿学校建设;(3)自强模式,即通过典型引导和正面宣传鼓励农村留守儿童直面生活和坚强成长,如组织开展优秀榜样学习活动;(4)赋权模式,即重视农村留守儿童的主体性和能力培养,提升他们自身参与问题解决和决策过程的能力。但这些举措在回应农村留守儿童照顾需要与身心发展需要上到底成效如何,还有待实践检验和更深入的研究。

二、农村留守儿童隔代家庭照顾的形成原因

安特拉纳(Anltranan)认为隔代家庭照顾是由许多原因造成的,包括儿童父辈家长离开家庭外出务工、无承担儿童教养的经济能力等,使得祖辈家长在自愿或非自愿的情形下,承担起照顾孙辈的责任。但是,中西方的隔代家庭照顾形成原因有所不同。西方隔代家庭照顾往往是因为父母缺乏照顾能力或照顾条件,比如父母失业、酗酒、家庭暴力、经济贫困、工作繁忙等社会性因素,或罹患精神疾病、心理疾病等心理性因素以及身体残疾、患病等生理性因素导致其不能有效履行儿童监护和照顾责任。[②] 相比而言,我国留守儿童的隔代家庭照顾成因主

[①] 谭深.中国农村留守儿童研究述评[J].中国社会科学,2011(1):138-150.

[②] Jendrek M P. Grandparents who parent their grandchildren: circumstances and decisions[J]. The Gerontologist,1994,34(2):206-216.

要是父母需要外出务工，不得不将子女委托给祖辈照顾。中西方也存在一些共同的原因促使祖辈照顾孙辈，比如父母离异、服刑、吸毒等原因无法照顾未成年子女，或祖辈希望维系亲情和保护孙辈免受伤害等。

三、农村留守儿童隔代家庭照顾模式研究

学术界主要从教养行为方式和照顾责任承担形态两个维度对隔代家庭照顾模式进行探讨。从教养行为方式来看，隔代家庭照顾可分为溺爱型（即过分关注型）、监督型、惩罚型与民主型四种类型[①]：（1）溺爱型隔代家庭照顾。在这类照顾模式中祖辈怀有补偿心理，将对子女的关爱投射到孙辈身上，对孙辈不仅娇惯和纵容其偏好与个性而且对其生活照顾无微不至，容易导致孙辈缺少道德实践机会从而阻碍其形成良好的道德品行。（2）监督型隔代家庭照顾。在这类照顾模式中祖辈怀有控制心理，对孙辈的任何事务都严格监督和督导，阻滞了祖孙之间形成平等和信任的教养关系，不利于孙辈形成自信、自主、安全、合作的人际关系和行为。（3）惩罚型隔代家庭照顾。在这类照顾模式中祖辈怀有权威心理，对孙辈实施棍棒式和压制式管教，容易导致孙辈产生叛逆、愤怒、拒绝型性格以及反社会性行为和暴力行为。（4）民主型隔代家庭照顾。在这类照顾模式中祖孙之间保持一种平等对待、双向沟通和民主决策的关系，彼此的不同意见和想法能够得到及时沟通和反馈，较少出现心理隔阂和关系疏离等问题，孙辈在这种民主家庭氛围中能够较好地养成自信、勇敢、信任的个性品质和行为方式。

邹秋月与康钊则将隔代家庭照顾分为溺爱式和放任式两种模式。这两种模式形成的主要特征包括：一是祖辈出于心疼孙辈从而会在喜好方面尽量满足他们，难以严格管理留守儿童的学习和玩耍时间，甚至娇惯和放纵留守儿童的不良行为；二是祖辈习惯包办本该留守儿童自己参与的自我照顾和家庭劳务，导致其容易养成懒惰、拖沓的习惯，也容易造成主动性、自信心、责任感方面的不足而出现自卑、内向、孤僻等问题。[②]

[①] 陈权,王晓燕.隔代教养中家庭道德教育问题探究[J].教育评论,2017(3):31-34.
[②] 邹秋月,康钊.隔代监护对义务教育阶段留守儿童学习管理的影响研究[J].现代教育科学,2015(2):62-64.

从照顾责任承担形态来看，父母一方或双方外出时所构成的隔代家庭照顾形态会有所不同，一般而言可以分为母亲一方外出型、父亲一方外出型、父母双方外出型三种类型的隔代家庭照顾模式[①]。对于父母中任一方外出务工的家庭而言，（外）祖父母需要部分地承担（外）孙子女的照顾责任，而对于父母双方均外出务工的家庭而言，则（外）祖父母需要完全承担（外）孙子女的照顾责任。在现实社会中，如果父母在本地乡镇和城市务工，与家庭的距离近且与家庭的联系比较紧密，则可能出现子女在白天由（外）祖父母照顾而夜间由父母照顾，或子女平时由（外）祖父母照顾而周末由父母照顾，或子女多数时间由（外）祖父母照顾而父母则不定时回家进行探视。如果父母在外地省市乃至外国务工，与家庭的距离远且与家庭的联系比较松散，则可能出现子女完全由（外）祖父母照顾的模式。

唐媛研究发现农村留守儿童的各类隔代家庭照顾模式基本存在以下几个显著的问题[②]：（1）祖辈文化水平低难以为留守儿童提供足够的学习辅导，成人的照顾方式与儿童的实际需要不匹配或冲突；（2）祖辈的家庭教育方式固化，难以引导留守儿童开展丰富的课后交流和娱乐活动，容易导致他们性格内向和人际交往能力不足，进而会引发他们的情绪情感、心理健康和人格智力发展问题；（3）祖辈过度保护和溺爱，留守儿童缺少参与家庭劳务和学习生活技能的机会，不利于留守儿童独立自主能力和坚毅品质发展。

四、隔代家庭照顾对农村留守儿童产生的影响

多数研究认为隔代家庭照顾会对儿童造成营养、心理、行为、教育和社会化等多方面的负面影响[③]。范兴华针对 8 所中小学 19 名留守儿童的质性研究发现，祖辈监护人对儿童的照顾很难满足他们的需要，祖辈因受教育程度低、观念落后、兴趣不同等导致祖孙之间共同兴趣少、心理沟通少、家庭氛围冷清，儿童在

---

① 田旭,黄莹莹,钟力,等.中国农村留守儿童营养状况分析[J].经济学(季刊),2018,17(1):247－276.
② 唐媛.隔代抚养的留守儿童课后活动现状及对策[J].智库时代,2017(11):91－92.
③ 许传新.农村隔代家庭照顾研究状况及其趋势[J].华南农业大学学报(社会科学版),2018,17(1):37－46.

父母外出或一方外出后能体验到的快乐感和安全感会减少。① 有研究者发现与父辈照顾相比，隔代家庭照顾中的儿童更易出现营养和健康状况不良问题，情绪和行为问题的发生率更高。此外，祖辈单独照顾的儿童与受其他照顾方式的儿童相比，在语言能力和执行功能上虽未存在显著性差异，但在心理认知发展水平上却存在一定的弱势。②

吕朝贤研究指出儿童的幸福感深受父母心理健康和家长陪伴影响，一般而言父母心理越健康则传递给孩子的正面情绪越多，而父母陪伴孩子的时间越长所提供的个体情感支持越多则孩子的幸福感越强烈。由此可见，父母长期不在身边陪伴，会对儿童的心理和幸福感产生不良影响。卢利亚综合分析大量已有研究观点，认为农村留守儿童在父母外出的过程中一般会面临孤僻排外（如孤独、焦虑、抑郁、自卑等）、冲动好动（如急躁、冲动、敌意、打架等）和叛逆任性（如任性、自私、自利等）等心理性不安全问题，同时还可能面临身份歧视（如刻板印象、污名化、排斥等）、身心伤害（如校园欺凌、身体虐待、心理虐待、性侵害）、意外伤害（如溺水、中毒、烧灼、交通意外、跌倒等）等社会性不安全问题。③ 在隔代家庭照顾中，祖辈疏于或因传统观念未充分为儿童提供足够的安全教育和自我保护知识。王进鑫针对四川成都10所中学1 346个学生从"看黄"行为、发生性行为、受到性侵害、获得性安全教育四个维度调查性安全状况，发现留守儿童获得来自家庭的性安全教育和自我保护教育要低于非留守儿童，而发生边缘性行为（接吻、抚摸等）、看色情影像的比率明显高于非留守儿童。④

也有研究者认为要让农村留守儿童拥有健康和积极的心理质量和行为规范，前提是隔代家庭照顾者也应该具有优秀的心理质量和行为模式，且需要保持开放的学习心态和教育思维，积极学习和使用一些新的教育方法和技能，既不简单粗暴，也不放任自流，既要管放有度，也要严爱适当，并努力提升自身品德和素养以引导孩子健康发展。

---

① 范兴华,何苗,陈锋菊.父母关爱与留守儿童孤独感:希望的作用[J].中国临床心理学杂志,2016,24(4):702-705.
② 郭筱琳.隔代抚养对儿童言语能力、执行功能、心理理论发展的影响:一年追踪研究[J].中国临床心理学杂志,2014,22(6):1072-1076,1081.
③ 卢利亚.农村留守儿童的监护:问题及对策[J].当代教育理论与实践,2017,9(5):1-6.
④ 王进鑫.青春期留守儿童性安全问题研究[J].当代青年研究,2009(3):17-22.

五、隔代家庭照顾对隔代家庭照顾者产生的影响

研究指出隔代家庭照顾会产生代际剥削和代际不公平，祖辈在照顾孙辈过程中在自由、经济、劳动方面面临受剥削的风险。① 与之不同的观点是，穆光宗认为隔代家庭照顾存在过度溺爱、重养轻教、沟通不畅、隔代亲近与代际剥削等问题，但也具有促进代际团结、包容性教育、资源优化、家庭支持和慈孝回归等优势，特别是对于"全面二孩"政策的实施有着不可低估的价值。② 宋璐等人采用心理量表进行测试，认为祖辈在照顾孙辈的过程中身心更为健康，还对认知功能衰退具有延缓作用。③

六、隔代家庭照顾对家庭产生的影响

史小力研究指出祖辈与父辈在教养观念和方式上存在差异，易产生家庭冲突和家庭关系紧张等问题。④ 比较突出的问题是，父母长期在家庭照顾中缺位，会导致子女与祖辈形成紧密的隔代亲和依恋关系，因而亲子关系面临疏远化和陌生化。⑤ 苏志强等人综合分析一些研究者的研究发现指出，农村留守儿童家庭的社会经济地位要普遍低于普通儿童家庭，这不仅制约了其家庭环境系统功能的正常发挥，也会导致农村留守儿童易遭受来自同伴、邻里、教师和其他人的歧视。⑥ 杨汇泉等人则利用生命历程理论进行个案研究发现，农村留守儿童家庭在应对家庭结构与社会结构变动所带来的未成年子女照顾问题时，并非是被动地适应和调整，而是采取积极策略进行主动应对，有力地回应了为什么农村留守儿童群体并

---

① 陈锋,徐娜.新生代农民工的返乡动因及其社会适应:以云南沙村为例[J].中国青年研究,2015(2):63-68.
② 穆光宗.让隔代抚养回归慈孝之道[J].人民论坛,2017(34):63-65.
③ 宋璐,李树茁.照料留守孙子女对农村老年人养老支持的影响研究[J].人口学刊,2010(2):35-42.
④ 史小力,吴秀兰.中国式隔代教育利弊之辩[J].萍乡高等专科学校学报,2013,30(4):86-89.
⑤ 蒋洪回,冯耀元.农村留守儿童隔代教育的利弊与对策:基于广州从化区鳌头镇的实证考察[J].吉林省教育学院学报,2017,33(6):19-22.
⑥ 苏志强,张大均,邵景进.社会经济地位与留守儿童社会适应的关系:歧视知觉的中介作用[J].心理发展与教育,2015,31(2):212-219.

未因家庭照顾缺失而成为"垮掉的一代"的疑问。[①]

另外,孙奎立等人将生态系统理论引入留守儿童隔代家庭照顾讨论中,分析指出在微观系统层面祖孙两代间因年龄和生命历程差异导致互动不畅和角色紊乱;在中观系统层面祖辈与亲友、教师和邻里互动不足因而难以帮助孙辈培养良好的人际互动能力[②];在宏观系统层面主要是政治与经济、文化以及社会组织对农村留守儿童隔代家庭照顾支持需要未积极回应或未发挥积极作用。王秋香从生态学观点出发,认为个体社会化的目标在于实现个体与自然环境之间的自然生态、个体与社会结构之间的类生态、个体内在体验与情感的内生态三者及三者之间的和谐与均衡;而农村留守儿童却面临着农村自然生态环境恶化、家庭结构残缺、亲子互动异化等外部生态的失衡,进而导致其出现个体认知、心理健康(情感与意志)、行为表现等内生态的失衡和不稳定。[③]

[①] 杨汇泉,朱启臻.农村留守儿童家庭抚育策略的社会学思考:一项生命历程理论视角的个案考察[J].人口与发展,2011,17(2):63-72.

[②] 孙奎立,时涛,范立军.农村隔代留守家庭社会生态系统与社会工作介入探析[J].社会福利(理论版),2013(3):20-22.

[③] 王秋香.生态学视角下农村留守儿童社会化的三重维度[J].江西社会科学,2015,35(12):194-199.

第五节 现有研究的综合检视

当前学术界针对农村留守儿童的研究主要聚焦于教育、心理、安全、亲子关系等,但对于家庭照顾特别是隔代家庭照顾议题的研究还十分薄弱。在农村留守儿童隔代家庭照顾议题上研究者们主要讨论了隔代家庭照顾的主要成因、照顾类型、照顾成效以及对孙辈、祖辈、父母、家庭的影响等,但对于隔代家庭照顾的具体模式和作用过程却缺少深入的研究①。本书的研究者对现有研究进行分析和反思后认为存在以下几个问题。

一、农村留守儿童隔代家庭照顾研究存在问题化与污名化

农村留守儿童经由学术界、新闻媒体和社会公众的不断社会建构而成为一个需要关注和关爱的"特殊弱势群体",研究者多从病态视角来审视农村留守儿童及其家庭问题,缺乏从正向和客观视角来看待这个特殊群体,因而对他们易产生片面、静态乃至错误的看法和印象。②特别是有关农村留守儿童隔代家庭照顾的功能,研究者们多认为弊大于利,且习惯将隔代家庭照顾所出现的问题归咎于祖辈照顾者能力不足。杨汇泉等人通过文献梳理发现现有研究的一个显著局限,即他们在"问题意识"指引下只注意到农村留守儿童家庭抚育和家庭照顾方面遇到的问题和困境,却忽视了家庭在应对家庭抚育和照顾困境时的积极回应与应对;他采用生命历程理论进行个案研究后认为,农村留守儿童家庭在应对"双系抚

---

① 许传新."留守儿童"教育的社会支持因素分析[J].中国青年研究,2007(9):24-28.
② 谭深.中国农村留守儿童研究述评[J].中国社会科学,2011(1):138-150.

育"结构变动问题时采取了学龄前的"重生活抚育、轻社会抚育"和学龄期的"双系生活抚育,单系社会抚育"等家庭抚育和照顾策略进行积极回应。①

二、农村留守儿童隔代家庭照顾研究缺乏比较视角

研究者较少区分隔代家庭照顾农村留守儿童问题中哪些是因为祖辈照顾不当所致,哪些是由其他因素引起,也较少采用比较方法和实验方法来测评隔代家庭照顾的实际功能和成效。现有研究多从成人视角来描述和探究隔代家庭照顾所产生的问题和治理策略,但较少从儿童视角来呈现儿童对隔代家庭照顾的感受、体验和认知,以及隔代家庭照顾在农村留守儿童身上的作用模式和功能成效。

三、农村留守儿童隔代家庭照顾研究缺乏系统视角

现有研究多局限于祖孙两代或家庭三代来探究农村留守儿童隔代家庭照顾议题,却忽略了隔代家庭照顾是在特定的地域、文化、制度与环境中产生的,因而需要考虑家庭、学校、社区、社会组织、政府等主体在隔代家庭照顾模式的构成和作用过程中的角色与功能。比如国家自2016年启动农村留守儿童关爱保护专项行动以来,加强了农村寄宿制中小学建设,这一寄宿制度的推行无疑会对隔代家庭照顾模式产生重要影响,因而值得研究者针对这种新影响因素进行研究。

综上所述,本书中的研究认为在国家近年将政策和服务聚焦于父母双方外出的农村留守儿童群体的背景下,隔代家庭照顾议题不仅成为政策的焦点所在,也成为实务的核心议题。鉴于对农村留守儿童的现有研究十分薄弱,以及缺乏从照顾关系视角探讨农村留守儿童隔代家庭照顾的模式、过程和作用,本书中的研究将引入生态系统理论,深入探讨农村留守儿童的隔代家庭照顾模式议题。

---

① 杨汇泉,朱启臻.农村留守儿童家庭抚育策略的社会学思考:一项生命历程理论视角的个案考察[J]. 人口与发展,2011,17(2):63-72.

第二章

研究方法

本书研究的目的在于以农村留守儿童的隔代家庭照顾为议题，以隔代家庭照顾家庭为切入点，通过访谈收集隔代家庭照顾的相关信息，对隔代家庭照顾者所讲述的照顾经验、照顾感受和照顾内容以及受照顾儿童的经验与感受进行直观的描述和分析，用以探究隔代家庭照顾的成因、模式和影响。

第一节 研究性质与研究设计

质性研究是由研究者在自然情境下,透过与研究参与者的密切互动,采用一种或多种资料收集方法,对所研究的现象、行动和事件进行全景式、深入式描述和诠释,探究人们的心理历程和经验世界,揭露人类生活世界的意义。[①] 本书中的研究所探讨的隔代家庭照顾主体是隔代家庭照顾者(祖父母或外祖父母)与受照顾儿童(孙子女或外孙子女)共同生活的一种自然照顾情境,隔代家庭照顾者与受照顾儿童各自构成子系统并彼此产生双向互动,同时还会与父母所构成的子系统及周围环境中其他子系统产生互动关系。不同层次系统的构成结构与联结方式形成不同的照顾模式,并产生不同的照顾影响。这些照顾模式和照顾影响难以用量化的方法来揭示其中的普遍原则和事实。因此,研究者在考量研究目的和研究问题及可兹使用资源的情境,采用质性研究方法进行研究设计和资料收集。

本书中的研究采用印(Yin)和斯塔克(Stake)所力推的多个案研究法,这种方法通过具有多样性和丰富性的多个个案的研究,更好地了解他们之间共同的或差异化的特征,并在深入理解的基础上进行理论化。印提出个案研究法可以分为单个案研究法和多个案研究法,他认为从多个案中推导出的结论更具有说服力和更真实,因此在研究条件允许下采用多个案研究方法是比较可取的,这样能尽可能避免单个案研究中易出现的"一步走错,全盘皆输"的风险。多个案能够帮助研究者提升研究发现的精确性、有效性和稳定性,并能拓展实务应用基础。[②]

[①] 潘淑满.质性研究理论与应用[M].台北:心理出版社股份有限公司,2015:25-28.
[②] Yin R K.质性研究:从开始到完成[M].李政贤,译.台北:五南图书出版股份有限公司,2014:13-20.

第二节　研究问题

长期以来，中西方社会的儿童抚养和照顾主要由家庭来提供，直到工业革命以后西方社会才关注国家在儿童福利供给中的责任，并开始通过实施家庭政策和社会福利政策为儿童的家庭照顾和福利供给提供制度性支持。[①] 纵观西方社会的儿童福利发展历程，基本经历了"失依儿童救济时期""儿童福利与儿童保护时期"和"儿童保护与家庭支持融合时期"3个发展阶段。[②] 相比而言，我国的儿童福利和儿童照顾依然停留在以家庭提供为主导的阶段，但近40年来我们国家的家庭正在快速步入家庭结构小型化和家庭照顾功能式微的情势，这致使许多家庭无法为儿童提供足够的照顾和保护而导致各类儿童问题不断出现。[③] 众所周知，儿童不同于成人，因为他们正处于发展快速期和成熟过渡期，具有天然的脆弱性和依赖性，需要家庭和国家以及成人社会提供全方位的照顾、保护和协助，才能获得身心得以健康发展和人身安全得以保障的环境和机会。[④]

2016年以来，我国开始进行农村留守儿童关爱保护的政策规划并实施干预服务，其核心目标在于在强化家庭与国家的儿童福利责任的基础上，提升农村留守儿童的家庭照顾与社会保护水平。事实上，隔代家庭照顾（祖父母或外

[①] 程福财.家庭、国家与儿童福利供给[J].青年研究,2012(1):50-56.

[②] 乔东平,谢倩雯.西方儿童福利理念和政策演变及对中国的启示[J].东岳论丛,2014,35(11):116-122.

[③] 刘继同.中国化现代家庭福利目标、政策法规体系与家庭福利服务制度化建设[J].中华女子学院学报,2022,34(1):12-21.

[④] 蔡启源.台湾地区儿童性侵害防治的政策与实务[J].浙江工商大学学报,2017(6):98-105.

祖父母提供照顾）是农村留守儿童家庭照顾中的主导模式。因而隔代家庭照顾能力的高低和质量的优劣，会直接影响孩子的生存与发展状况的好坏。基于达成研究目的，本书中的研究将围绕农村留守儿童的隔代家庭照顾议题进行以下探讨：

（1）农村留守儿童隔代家庭照顾产生的原因是什么？有哪些影响因素？

（2）农村留守儿童的隔代家庭照顾有哪些类型与模式？

（3）隔代家庭照顾对隔代家庭照顾者和受照顾儿童有什么影响？

第三节 研究对象

本书的研究主题是农村留守儿童的隔代家庭照顾模式,因而研究者需要探究隔代家庭照顾者对受照顾儿童在双方所构建的隔代家庭照顾关系下和家庭生活中是如何实施照顾的。这种隔代家庭照顾是发生在家庭生活场域和家庭系统中的,因为家庭为隔代家庭照顾提供了基本条件和资源支持,且儿童一般是在家庭之中获得教养和社会化的。另外,从生命周期理论视角而言,儿童成长需要经历婴儿期(0—1岁)、幼儿期(1—3岁)、学龄前期(3—6岁)、学龄期(6—12岁)、青春期(12—18岁),由于他们在童年期的不同阶段面临不同的需要和问题,因而所需要的家庭照顾方法和内容也有所不同。一般而言,儿童随着年龄增长自身的成熟度增高,脆弱性降低,而家庭照顾的依赖度则会降低,家庭照顾关系也会随着儿童年龄增长由单向照顾转向双向照顾。[1] 就日常生活经验而言,一方面,学龄前期和学龄期儿童的家庭照顾主题已由营养与健康扩展到教育与社会化等,因而家庭照顾系统所应对的儿童照顾事务也就更为丰富多元;另一方面,这一阶段的儿童处于逐渐成熟但又依赖家庭照顾的成长关键期,家庭照顾关系会由单向照顾转向双向照顾。本书将研究对象确定为学龄前期和义务教育阶段农村留守儿童的隔代家庭照顾模式。

根据全国妇联课题组2013年发布的《我国农村留守儿童、城乡流动儿童状况研究报告》显示,湖南省是我国农村留守儿童数量排第五多的省份,其与四川、河南、安徽、广东另四省的农村留守儿童总量占到全国的43.64%。据民政

---

[1] Erikson E H. Ego development and historical change[J]. The psychoanalytic study of the child, 1946, 2(1):359.

部、公安部和教育部2016年摸底排查，统计发现湖南省的农村留守儿童数量在70万人以上，其农村留守儿童数量居全国前列。湖南省浏阳市的镇头镇、官桥镇，由于地处长沙、株洲和湘潭三市交会处，又毗邻武广高铁线、沪昆高速线等交通要道，是湖南省内典型的农村劳动力输出乡镇。根据前期走访和初步调研，发现该地多所小学的在校小学生中属于父母双方外出务工且由（外）祖父母隔代家庭照顾的农村留守儿童比重接近于20%，个别小学的农村留守儿童数量占比远超一般学校的平均水平。此外，浏阳市由于盛产烟花和煤矿等，其年度财政收入总量长年位列全省前茅，并多次获得湖南省"财政收入第一县"的地位。因而，在国务院于2016年启动全国农村留守儿童关爱保护专项行动后，浏阳市在镇头镇、官桥镇等地积极开展了农村留守儿童关爱保护专项行动。另外，研究者出生于浏阳市的官桥镇德慎村，常年跟随家父在研究地的多个乡镇给农户家的猪牛等牲畜治病，对当地的乡村文化、风俗习惯、地理交通比较熟悉，尤其是在语言沟通交流上具有明显的可近性优势。因此，本书中的研究基于以上典型性特点，将湖南省浏阳市的镇头镇、官桥镇作为主要研究地。

第四节 取样方法

质性研究的取样方法多选择非随机抽样方法中的立意取样方法，因为立意取样方法在研究信息丰富的案例中的事件及关联问题时具有更强的逻辑性和解释力。[1] 印指出个案研究的取样需要经由两个阶段进行：第一个阶段是借助诸如学校、社区、地方政府、企业等提供的研究对象的档案资料，或向熟悉这些个案情况的报告人请教以获得个案的初步资料；第二个阶段是依据确定好的取样标准，挑选能够提供研究主题最为广泛信息和观点的案例。

本书中的研究基于这种取样理论，采用立意取样方法，同样分两个阶段进行了样本选取。在第一个阶段，研究者于2018年7月多次拜访湖南省浏阳市镇头镇政府党政办主任，与其深度沟通和说明研究目的和研究计划。在获得其支持的情况下，由其将研究者和研究计划推荐给镇头镇的双桥村村委会主任和官桥镇的八角亭村村委会主任及涧江河村村委会主任，再经由3位主任向研究者提供本村的《农村留守儿童花名册》《农村留守儿童基本情况登记表》，并由他们介绍所在村的留守儿童相关政策与服务。研究者由此获得了3个村提供的44名（双桥村16名、八角亭村18名和涧江河村10名）农村留守儿童的家庭基本信息。2018年7月26日至8月1日，研究者在比较熟悉农村留守儿童家庭情况的双桥村、八角亭村的低保救助专干和涧江河村的党员代表的向导下，全面走访了这些名单上的农村留守儿童家庭。在走访每个家庭时，先由向导将研究者的来意予以说明并介绍研究者，然后研究者向所走访的家庭先口头说明研究计划和知情同意书内

---

[1] Merriam S B, Tisdell E J. Qualitative research: a guide to design and implementation[M]. 4th ed. New York: John Wiley & Sons, 2015.

容，在征得他们同意后，研究者开始对他们进行初步访谈和观察（每户 15—30 分钟），以此了解家庭基本情况和隔代家庭照顾的相关信息，在访谈结束后迅速建立接触摘要单。最后，研究者对所收集到的隔代家庭照顾案例资料进行录音转录和田野笔记整理，建立初步案例数据库。

在第二个阶段，研究者将家庭经济条件和隔代家庭照顾时长作为两个取样标准进行取样。采用这两个取样标准的依据为：一是因为家庭经济条件能直观地反映家庭社会经济地位，会影响个体和家庭获取现实或潜在资源和机会。从之前的文献探讨中可知，农村留守儿童家庭多数为中低收入家庭，这直接影响到农村留守儿童的家庭照顾能力和质量。二是因为隔代家庭照顾时长能深度地揭示家庭照顾经验，会影响隔代家庭照顾关系、经验和结果。在具体指标赋值上，家庭经济条件可被操作化为经济宽裕（家庭有大额存款、投资、企业），经济小康（家庭经济能够满足消费所需并有节余），经济困难（比如原建档立卡户、低保户、低保边缘户）；照顾时长（以照顾时长较长者计算）被操作化为短期隔代家庭照顾（1—3 年，含 3 年）、中期隔代家庭照顾（3—5 年，含 5 年）和长期隔代家庭照顾（5 年以上）。依据这两个取样标准从初步案例数据库中选取了 18 户家庭的隔代家庭照顾案例作为研究样本（取样情况参见表 2-1）。经由这种方法取样，可以从表 2-1 中看到案例样本在隔代家庭照顾时长和家庭经济条件两个指标的多个维度都有所分布，从而有效保证了所取样本类型的多样性。

表 2-1 农村留守儿童隔代家庭照顾研究取样表　　　　（单位：户）

家庭经济条件	短期隔代家庭照顾（1—3 年，含 3 年）	中期隔代家庭照顾（3—5 年，含 5 年）	长期隔代家庭照顾（5 年以上）	合计
经济宽裕	0	2	1	3
经济小康	3	1	3	7
经济困难	0	1	7	8
合计	3	4	11	18

林肯（Lincoln）和古巴（Guba）认为质性研究的抽样需要达到资料饱和点或资料重复出现时才能停止，就是说样本数量取决于是否已经获得最大限度的研究资料，即达到"理论饱和"，也就是即使增加新样本也不再产生新的研究资料。[①] 一般而言，多个案取样规模需要超过 15 个有效个案样本。[②] 由此，本书中的研究在取样规模上也为收集丰富研究资料提供了支持。

---

① Guba E G, Lincoln Y S. Competing paradigms in qualitative research[M]//Denzin N K, Lincoln Y S. Handbook of qualitative research. Thousand Oaks: Sage Publications, 1994: 105-117.
② Miles M B, Huberman M. 质性资料的分析：方法与实践[M]. 张芬芬, 译. 重庆：重庆大学出版社, 2013.

第五节 资料收集与记录

本书中的研究主要采用半结构式访谈法。最初设计的家庭访谈实施思路是：第一步是在入户访谈前设计好访谈大纲，列出主要访谈问题清单，而其他访谈问题则在访谈的过程中边提问边形成，并根据实际情况对访谈问题进行弹性处理；第二步是在入户访谈时计划每个家庭访谈 2 位隔代家庭照顾者（如只有 1 位隔代家庭照顾者的则只访谈 1 位）和 1 位受照顾儿童。研究者在 2018 年 8 月 2 日至 8 月 25 日开展入户访谈的过程中，考虑到受访家庭中存在隔代家庭照顾者亡故或外出务工务农而无法受访，以及备访儿童外出未在家中无法受访及因年龄或性格原因不宜访谈等特殊情形，因而将实地访谈策略调整为每个家庭以访谈 1 位隔代家庭照顾者为主，如条件允许则进行家庭会议式访谈，针对儿童则采取访谈为辅观察为主。本书中的研究选取了 18 户隔代照顾家庭作为研究对象，具体访谈对象名单请参见表 2-2。另外，需要说明的是在 18 户家庭的访谈中收集了 26 名受隔代家庭照顾儿童的照顾信息。

为便于简化资料分析程序和更精准表述，在后续的资料建档整理、分析和呈现阶段，以《农村留守儿童花名册》中的留守儿童作为基准分析对象，对同一家庭有两个留守儿童的则选取年长者作为基准分析对象，即在 18 户受访家庭中各选取 1 名留守儿童作为基准分析对象，并以化名进行标记，如表 2-2 所示。

表 2-2 2018 年农村留守儿童家庭访谈表

案家编号	案家名称	案家受访人员	受访时间
案 1	小笛家	祖父	2018-08-02
案 2	小萍家	祖母	2018-08-02
案 3	小妮家	祖母、姑母、小妮	2018-08-03
案 4	小炼家	祖母、小炼	2018-08-03
案 5	依娜家	祖母、祖父、依娜	2018-08-04
案 6	金花家	祖母、金花	2018-08-04
案 7	小苗家	外祖父、小苗	2018-08-05
案 8	小坤家	祖父、祖母、父亲、小坤	2018-08-05
案 9	冰冰家	祖父、祖母、冰冰	2018-08-06
案 10	希媛家	外祖母、希媛	2018-08-06
案 11	欣雨家	祖母、祖父、欣雨、欣雨堂姐	2018-08-08
案 12	思会家	祖母	2018-08-10
案 13	永琪家	祖母、祖父、永琪	2018-08-12
案 14	新果家	外祖父、外祖母、母亲、新果、新果哥哥	2018-08-12
案 15	柏杨家	祖母、姑母、柏杨	2018-08-15
案 16	思怡家	思怡	2018-08-15
案 17	小青家	祖父、小青	2018-08-20
案 18	思雨家	外祖父、思雨	2018-08-25

此外，在进行第一户和第二户家庭访谈时，研究者向受访者出示访谈提纲，并依据访谈提纲的顺序依序提问，但发现这种方法容易使受访者心理紧张，并影响其更自然和深度地叙说自己的想法和观点。因而在后续的 16 户家庭访谈过程中，研究者将访谈大纲记在心中，并根据访谈的具体情境来调整提问顺序和提问方式，以保证在尽可能自然的情境中收集更为丰富和真实的研究资料。在具体收集研究资料的过程中，研究者借用录音笔和笔记本，在征得研究参与者（受访对象）的同意下进行访谈录音，在每户访谈结束后及时进行录音转录，形成访谈转录稿。此外，研究者在访谈过程中撰写田野笔记和备忘录，对访谈和观察所获得的资料进行及时记录，并在每天访谈结束后对田野笔记及时补充和整理。本书中

的研究在实地调研的过程中共收集到超 15 万字的访谈录音稿资料,以及约 5 万字的田野笔记、备忘录资料。

2021 年 11 月,研究者带领两名湖南师范大学社会工作专业的硕士研究生先拜访官桥中学和杉山小学,在初步了解学校留守儿童名单信息和基本情况后,开展入户实地研究,其中针对小笛家、依娜家、金花家、小青家再次进行了入户调研,对他们的家庭照顾现况和变化进行了访谈研究,获得新的访谈转录稿资料近 6 万字(表 2-3)。

表 2-3 2021 年农村留守儿童家庭访谈表

案家编号	案家名称	案家受访人员	受访时间
案 1	小笛家	母亲	2021-11-06
案 5	依娜家	祖母、依娜、依娜姐姐	2021-11-06
案 6	金花家	祖母、金花	2021-11-05
案 17	小青家	父亲、小青	2021-11-05

第六节　资料分析方法

资料分析是让资料产生意义的过程，即包括巩固、还原和诠释人们说了什么，以及研究者看到与读到了什么，是一种在归纳与演绎、描述与诠释之间来回移动的过程，包括从具体概念描述的低层次分析到理论建构的高层次分析；资料分析的目标则在于找出研究发问的答案，即范畴、主题和发现。本书中的研究采用内容分析策略，借助印提出的编纂数据库—解组资料—重组资料—诠释资料—引出结论的五步资料分析流程，对研究资料实施持续比较、寻找负面反例。本书中的研究具体资料分析策略和分析步骤如下。

第一步：在访谈开始前通过调研地熟人招募了本地的两位大学三年级学生担任研究助理，由研究者对他们进行录音稿整理方法培训。每访谈一户家庭，研究者与研究助理分工协作完成当天的访谈录音的转录工作，并对转录的访谈稿与访谈录音进行比对和修正。研究者对18份访谈稿进行建档，同时将从村委会所收集的档案文本，以及研究者的田野笔记汇总整理后建立案例数据库。

第二步：研究者采用Nvivo 11作为资料分析的软件工具。先将18户家庭的访谈稿的Word文档导入Nvivo 11软件中，同时将田野笔记转置为PDF格式后同样导入Nvivo 11中。随后采用北京大学张冉在《质性前沿分析软件Nvivo初中级应用》网络课程中提供的Nvivo 11使用方法，并结合施特劳斯（Strauss）、科尔宾（Corbin）的编码方法，对所有访谈稿在Nvivo 11软件中进行逐行编码，对访谈稿资料中的特定的文字、句子和片段指定代码。开放性编码与原始资料较为接近，一些本土性概念甚至直接来源于原始资料中的文字和词语，在经由这种开放性编码后则将研究资料提升到了一定的初步概念化程度，建立初步范畴。

第三步：研究者在开放性编码的基础上开展主轴性编码和选择性编码，在建立初步范畴的基础上进一步发展和归类范畴，让高一级范畴和次一级范畴建立关联。具体编码结构见表2-4。然后，对已有范畴进行系统整合和优化，使之具有更高的概念化，从而促使主题和理论性概念开始浮现。研究者在研究资料重组过程中较多使用了二维矩阵方法和资料持续比较方法。

表2-4 农村留守儿童隔代家庭照顾研究资料的编码结构（部分）

代码名称	代码名称
节点\\隔代家庭照顾原因	节点\\隔代家庭照顾方式
节点\\隔代家庭照顾原因\父母不履行照顾责任	节点\\隔代家庭照顾方式\安全保护
节点\\隔代家庭照顾原因\父母出走	节点\\隔代家庭照顾方式\安全保护\加强看护
节点\\隔代家庭照顾原因\父母二孩生育	节点\\隔代家庭照顾方式\安全保护\家庭安全教育
节点\\隔代家庭照顾原因\父母婚姻破裂	节点\\隔代家庭照顾方式\安全保护\家庭安全教育\女童保护教育
节点\\隔代家庭照顾原因\父母婚姻重组	节点\\隔代家庭照顾方式\安全保护\上学接送
节点\\隔代家庭照顾原因\父母婚姻重组\父亲婚姻重组	节点\\隔代家庭照顾方式\安全保护\学校安全教育
节点\\隔代家庭照顾原因\父母婚姻重组\母亲婚姻重组	节点\\隔代家庭照顾方式\健康照顾
节点\\隔代家庭照顾原因\父母经济能力不足	节点\\隔代家庭照顾方式\健康照顾\积极预防
节点\\隔代家庭照顾原因\父母外出务工挣钱	节点\\隔代家庭照顾方式\健康照顾\及时治疗

续表

代码名称	代码名称
节点\\隔代家庭照顾原因\收养	节点\\隔代家庭照顾方式\健康照顾\土单方
节点\\隔代家庭照顾原因	节点\\隔代家庭照顾方式\健康照顾\信仰治疗
节点\\隔代家庭照顾原因\父母不履行照顾责任	节点\\隔代家庭照顾方式\经济自主权保障
节点\\隔代家庭照顾原因\父母出走	

注：表中资料取自研究者实地调研所得资料导入 Nvivo 11 进行编码所得。"节点"为 Nvivo 11 中的程序语言，转换过来即为质性资料分析的编码过程所使用的"代码"。

第七节　研究信度与效度

质性研究的独特性在于运用多元证据来源,探究人们在真实世界情境中的生活意义,呈现研究参与者的观点和感受,洞察人们所处的脉络情境和社会行为。因这种特性,质性研究常常受到批评,被认为不够严谨和不够客观。因此,丹增(Denzin)、林肯提出质性研究也需要比照量化研究以提高其客观性从而来保证研究质量。此后质性研究者发展出自具特色的保证研究信度与效度的方法和原则。[1]

一、研究信度

所谓信度,在量化研究者看来是指在研究过程中所使用的测量工具的可重复性和测量结果的一致性;而在质性研究者看来是指通过研究者身份位置澄清、研究参与者选择、社会情境分析、资料收集与分析方法选用的妥善处理来保证研究的外在信度,以及通过同时运用数位观察者对同一研究对象进行观察来提高观察结果的一致性以保证研究的内在信度。印提出质性研究者可通过详尽地记录研究的实施程序,遵循研究程序、客观地解释、采用交叉检核方法,利用具体明确的证据基础来理解研究参与者用语言所建构的现实,这三种途径来提高研究的信度。林肯、古巴后来发展出一套有关量化和质性研究的"信赖程度"的评估指标,量化研究所关心的是内在效度、外在效度、信度和客观,而质化研究所关心的则是确实性、可转换性、可靠性和可确认性。本书中的研究采用古巴提出的这

---

[1] 诺曼·K.邓津,伊冯娜·S.林肯.定性研究:方法论基础[M].风笑天,等译.重庆:重庆大学出版社,2007.

四种策略来提高研究的信度。

(一) 确实性

确实性指的是研究资料的真实程度，即研究结果要能真实地呈现研究对象的主观经验和个体感受以及所在的文化脉络。在本书的研究中，研究者在指导教授的指导下拟定访谈大纲，在通过3户家庭的初访试用后，对访谈大纲进行进一步修正。研究者在进入正式访谈前先对每户家庭进行初访，了解受访对象的家庭环境和文化脉络，并告知受访对象研究目的和研究伦理，在取得研究参与者同意和建立研究关系后才开展正式访谈，以此避免研究者的偏见和研究参与者的防范心理。

(二) 可转换性

可转换性指的是将研究过程中研究参与者的经验、感受和声音，谨慎地、诚实地转换成书面文字，并且推广和运用到其他同样的情境中。研究者在征得研究参与者知情同意的前提下，对访谈过程进行全过程录音，在访谈结束后立即由研究助理协助进行转录形成书面形式的转录稿。同时，研究者采用田野笔记和备忘录的形式及时记录研究过程中的感受、心得以及观察所得的资料。在资料分析过程和论文撰写过程中，真实地呈现研究资料。

(三) 可靠性

可靠性指的是个人经验的唯一性与重要性，即研究资料前后的一致性。在本书的研究中，所有访谈都是在研究参与者自己的家庭中完成的。在正式开展访谈前，研究者会和研究参与者进行日常寒暄，待研究参与者状态稳定后，经其同意选择合适的空间进行访谈，以营造温暖、安全和信任的受访环境，让研究参与者真实地、完整地表达自己的感受、看法和经验。同时，研究者在经得研究参与者的同意下进行录音和收集观察资料，访谈结束后研究者会与向导进行咨询和讨论，以判断所收集的资料的可靠性程度。

(四) 可确认性

可确认性指的是研究的复制性，即研究者能在研究过程中保持价值中立的立场，摈弃偏见和武断。换言之，就是研究结果和研究发现是经由调查资料分析所得。在本书的研究中，研究者在正式访谈前，先从村委会获取备访家庭的名单和基本信息，并与村干部和向导进行初步核对。然后，研究者在向导的陪同下进行初访，进一步收集资料，以此来熟悉和掌握受访家庭的情况、研究参与者的家庭角色和家庭关系以及其所处的文化脉络与社会背景。研究者对所得的访谈录音和访谈转录稿，田野笔记、备忘录，以及资料分析过程中由 Nvivo 11 发展出的研究信息等进行保存，以备日后审查所用。同时，研究者依据三角检定法，运用访谈和观察两种研究技术，采用访谈多个家庭成员和及时与向导讨论等方式扩展研究资料的来源多样性。此外，在资料分析与论文撰写过程中，研究者会将研究资料及分析所得观点与其他研究文献、政策文本等进行交叉验证和检核，由此来提升研究资料的确认性。

二、研究效度

所谓效度，在量化研究者看来是指研究工具可以测量到正确答案的程度；而在质性研究者看来是指研究者通过研究过程获得正确答案的程度，而正确的答案则是指研究者所设想、归纳的命题能够与日常现实生活的情境相吻合。质性研究的效度不同于定量研究的部分在于其所指向的是研究结果与研究目的、研究问题、研究对象、研究情境之间的一致性。就内在效度而言，是指研究者所收集到的研究资料的真实程度，而就外在效度而言，是指研究者能够有效描述研究对象所表达的感受与经验，并通过深描与诠释手法将研究对象的感受与经验进行再现。质性研究者应通过开诚布公地公开自己的预设、明确田野中的权力关系、辨识自身潜在的认识论和开放同侪评价来保证研究效度。

依此，研究者在开展研究过程中进入每户家庭访问时，均会表明研究者的身份、研究目的，促使研究参与者在知情同意的前提下与研究者建立平等互动的关系，从而消解研究参与者对研究者的疑虑或不当期待，尽力营造促使研究参与者如实表达自身感受和观点的情境。研究者在结束每户的访谈后，通过与研究助手和向导的讨论与分享，检核所收集的资料的真实性以及研究者对研究资料理解的准确性。在资料分析过程中和引出初步研究结论时与指导教授及熟悉该研究领域的同侪和同事进行讨论，此外还会与部分研究参与者进行研究结论反馈和讨论，同时借助已有研究文献进行对话和比较，从而尽量提高研究结果的可靠性。

第八节　研究伦理

本书中的研究将遵循以下研究伦理：（1）在整个研究过程中，保持诚恳和谦虚的初学研究者态度，认真借鉴和学习前人的研究，采用他们的研究成果或观点时按照引文规范注明出处，不抄袭和不剽窃他人的研究成果，独立完成相关研究，积极寻求导师指导和讨论，主动向其他相关学者咨询和求教。（2）在研究过程中，研究者在进入每户家庭开始正式访谈前，先口头说明研究计划和研究目的，并展示书面计划书，在受访对象明确了解本书中研究的研究目的和研究方式后，研究者再口头向其说明研究参与者在研究中的角色、权利和义务，并出示书面《访谈知情同意书》。在获得研究参与者同意后再开始访谈和观察，研究者严格遵循不伤害、保密原则，保护研究参与者的隐私和个人资料。（3）本书中的研究允许研究参与者根据自身意愿随时退出或终止研究，在访谈过程中根据研究参与者的意愿进行录音。研究者曾根据研究参与者的意愿在两户家庭访谈中停止了部分访谈片段的录音。（4）本书中的研究在访谈儿童时，都事先征得监护人（隔代家庭照顾者）同意。（5）在资料分析过程中，研究者不篡改研究资料，不歪曲研究参与者的观点。（6）本书中的研究所有研究成果在公开发表或出版时接受出版机构所要求的审查，研究者将根据审查意见提交相关研究伦理证明资料和根据要求完善研究成果。

第三章

资料分析与讨论

本书中的研究经由研究者对分布于湖南省浏阳市镇头镇的双桥村和官桥镇的八角亭村与涧江河村的18户隔代家庭照顾家庭进行入户调研，研究者通过直接的面对面的接触、对话和观察，针对研究计划书中所拟定的研究问题进行探究，采用分析性归纳方法对研究资料进行深入分析，从而对农村留守儿童隔代家庭照顾的原因、模式和影响等有所洞察。

第一节 隔代家庭照顾家庭基本资料分析

本书研究的主要目的是探讨农村留守儿童的隔代家庭照顾模式。因而在资料分析阶段，首先借助质性资料分析软件 Nvivo 11 针对 18 户隔代家庭照顾家庭的基本资料进行概括性梳理和呈现，这些家庭的基本信息资料可以参见表 3-1。此表呈现了隔代家庭照顾时间长度、隔代家庭照顾者和受照顾儿童基本信息、隔代家庭照顾家庭基本信息。

表 3-1 农村留守儿童隔代家庭照顾家庭样本的基本信息

案家编号	父母婚姻状况	隔代家庭照顾时长（年）	隔代家庭照顾者信息			受照顾儿童信息				家庭状况
			身份	年龄（岁）	身体状况	身份	性别	年龄（岁）	受教育阶段	
案1	离异	6	祖父	70	患病	大孙子	男	13	初中	两个孙子由女婿入赘所生养，其父母已离婚6年，母亲外出务工后由祖父母（即女方父母）照顾。家庭因建新房欠债，接受低保救助。家庭经济比较贫困
			祖母	68	患病	小孙子	男	10	小学	
案2	离异	5	祖母	62	健康	孙女	女	6	幼儿园	孙子女父母在深圳创业成功后，因感情不和于2016年离婚。孙女和孙子出生不久后都交由祖父母在老家照顾。母亲走后与她仅有电话联系。父亲创业成功后家庭经济宽裕
		2	祖父	64	健康	孙子	男	2	未入学	

续表

案家编号	父母婚姻状况	隔代家庭照顾时长（年）	隔代家庭照顾者信息			受照顾儿童信息				家庭状况
			身份	年龄（岁）	身体状况	身份	性别	年龄（岁）	受教育阶段	
案3	在婚	5	祖母	56	患病	孙女	女	11	小学	2007—2011年全家在杭州打工，祖母在照顾孙女的同时，还在幼儿园做清洁工。2012年父母因工厂倒闭失业，加之姑母出嫁，母亲再次怀孕，因此全家回到老家。孙女开始在村里上学，父亲在株洲打工。2014年母亲再次回到杭州打工。2015年父母因和工厂在养老保险缴纳问题上有冲突又回到老家，并在浏阳开店经商，但经营不善导致亏损10万元。同年家里又建新房花费20万元，将此前打工的积蓄花光后还欠债10多万元。2016年父母回到杭州打工至今，两年外出打工将所欠债务基本还清。祖父常年外出务工偶尔回家小住，协助照顾孙子女。孙女和孙子主要由祖母照顾。家庭经济曾因建新房和父母经商失败欠债曾陷入贫困，近三年转为小康水平
			祖父	56	健康	孙子	男	6	幼儿园	
案4	在婚	3	祖母	56	健康	孙子	男	10	小学	孙子一年级时父母外出务工，此后由祖父母照顾。祖父母在家同时种田和打零工。家庭经济属小康水平
			祖父	60	健康					

续表

案家编号	父母婚姻状况	隔代家庭照顾时长（年）	隔代家庭照顾者信息			受照顾儿童信息				家庭状况
			身份	年龄（岁）	身体状况	身份	性别	年龄（岁）	受教育阶段	
案5	在婚	6	祖母	54	健康	大孙女	女	9	小学	孙女父亲一直在外务工，大孙女3岁多时母亲外出务工后姐妹俩都由祖父母照顾，祖父主要负责种田和喂猪。家庭经济属小康水平
			祖父	57	健康	小孙女	女	7	小学	
案6	父母离异后各自再婚	8	祖母	60	健康	孙女	女	9	小学	孙女1岁时父母外出到深圳打工，其由祖父母共同照顾，祖父同时还要照顾年近90岁的曾祖母。2011年父母离婚，其母离婚后与其有一段时间的电话联系，但后来重组家庭后完全失去联系。其父2012年在深圳再婚，并生育一子自行照顾。祖父母担心金花去其父在深圳的家中生活会"遭受委屈"，因而将金花留在家中照顾。金花父亲打工一段时间后开始创业，2012年创业取得成功，家庭经济条件变得宽裕，由此也对金花和祖父母的生活有实质性的支持
			祖父	61	健康					

续表

案家编号	父母婚姻状况	隔代家庭照顾时长（年）	隔代家庭照顾者信息			受照顾儿童信息				家庭状况
			身份	年龄（岁）	身体状况	身份	性别	年龄（岁）	受教育阶段	
案7	婚姻破裂	2	外祖父	72	健康	外孙女	女	9	小学	外孙女父母在北京创业失败后，父亲对其母亲实施家暴，此后感情冲突不断。2016年由母亲带回外祖父母家中，交由外祖父母照顾，其母亲在附近打工，间歇性地回来照顾和探望。家庭经济属小康水平
			外祖母	70	患病					
案8	在婚	2	祖父	61	健康	孙子	男	5	幼儿园	孙子父母在四川务工，其3岁时被送到祖父母身边照顾，孙女带在父母身边照顾，至2岁送回老家为入学做准备。家庭经济属小康水平
			祖母	62	健康	孙女	女	2	未入学	
案9	婚外情（母亲有家室）	7	祖父	62	患病	孙女	女	7	小学	孙女母亲在认识其父亲前已有家庭并生育一女。孙女出生后由祖父母照顾，母亲离家后再无联系，父亲为无业游民，极少回家探望和提供经济支持。祖父母常年身体患病需药物治疗，收入来源少。家庭经济比较贫困
			祖母	56	患病					

续表

案家编号	父母婚姻状况	隔代家庭照顾时长（年）	隔代家庭照顾者信息			受照顾儿童信息				家庭状况
			身份	年龄（岁）	身体状况	身份	性别	年龄（岁）	受教育阶段	
案10	离异（父母未办理结婚登记）	10	外祖父	54	健康	外孙女	女	11	小学	外孙女父母只曾办婚宴而未办结婚登记。因其父亲重男轻女，母女被赶回外祖父母家。随后母亲前往无锡打工并在当地重组家庭。外孙女此后一直由外祖父母照顾。家庭因建新房欠债，偶要借钱交学习费用。家庭经济比较贫困
			外祖母	54	健康					
案11	在婚	7	祖母	66	健康	大孙女	女	11	小学	小孙女出生3天后就被抱养到现在的祖父母家，并由祖父母照顾。大孙女（二子家的）自8个月大时也交由祖父母照顾。小孙女与养父关系比较好，养父经常回乡探望和陪伴她，常给她买礼物。但养母耿怀于不是亲生，与其感情比较疏远，不太愿意与她亲近。家庭经济属小康水平
		10	祖父	68	患病	小孙女	女	10	小学	
案12	在婚	5	祖父	55	健康	孙女	女	6	幼儿园	孙女父亲在外开挖掘机，母亲在药店工作，8个月大时就由祖母照顾，祖父在协助照顾孙女时还要经常外出务工，祖母在家照顾她的同时种地和养殖。父母每月回来探望两三次。父母已着手准备接孩子进城上学，并计划生育二孩。家庭经济比较宽裕
			祖母	54	健康					

续表

案家编号	父母婚姻状况	隔代家庭照顾时长（年）	隔代家庭照顾者信息			受照顾儿童信息				家庭状况
			身份	年龄（岁）	身体状况	身份	性别	年龄（岁）	受教育阶段	
案13	在婚	10	祖父	72	健康	大孙子	男	14	初中	祖父母共有3子，都常年在外务工。祖父母先是照顾大孙女至其上小学前被大儿子接至身边照顾，接着是照顾大孙子（二儿子所生），待二孙子（永琪，三儿子所生）出生就开始同时照顾两个孙子。后来小孙子（大儿子所生）出生后祖母还去大儿子所在城市照顾了1年。二孙子的父母常年在外务工，其出生9个月大后就主要由祖父母照顾，父母打工收入情况不太稳定，加之其父喜欢打牌，因而经济一直比较贫困
		9	祖母	72	健康	二孙子	男	10	小学	
案14	在婚	9	外祖父	53	健康	大外孙	男	10	小学	因父母要在外务工，而祖父家远在四川山区，因此两个外孙都交由外祖父母照顾。父母在长沙工作，但无力购房和接他们入城上学。家庭经济比较贫困
		7	外祖母	53	健康	小外孙	男	8	小学	
案15	离异	10	祖母	63	患病	孙子	男	11	小学	孙子父母在外务工，8个月大时交由祖父母照顾。3岁时父母离婚，父亲常年在无锡打工，后祖父癌症病逝，由祖母一人照顾。母亲再无联系。祖母患病常年服药。家庭经济比较贫困

续表

案家编号	父母婚姻状况	隔代家庭照顾时长（年）	隔代家庭照顾者信息			受照顾儿童信息				家庭状况
			身份	年龄（岁）	身体状况	身份	性别	年龄（岁）	受教育阶段	
案16	离异	8	祖父	61	2017年病逝	孙女	女	13	初中	2007年祖母患病去世。孙女4岁时父母离婚，自2010年起便由祖父照顾，其父则一直在外务工。2017年祖父因癌症去世，转由叔祖母照顾近半年后，于2018年3月起由父亲照顾。家庭经济比较贫困
案17	离异	5	祖父	68	患病	孙女	女	10	小学	父母于2013年开始闹离婚，母亲长时间离家不归，同年祖母因患癌去世。2014年父母正式通过诉讼由法院判决离婚，此后母亲与孩子再无联系。其生活主要由祖父照顾。父亲常年在长沙务工，但收入并不理想，加之家中因建新房和给祖母治病欠下了一笔债务。祖父还需要同时照应患有脊髓炎的未婚大儿子。家庭经济条件比较贫困
案18	在婚	9	外祖父	65	健康	外孙女	女	10	小学	外孙女出生后就交由外祖父母照顾。父母曾在镇头镇经商失败欠债20多万元，后被迫出省外务工，一年回家探望几次。祖父在家种植花木。家庭经济属小康
			外祖母	65	健康					

注：表格中的资料取自研究者所收集的访谈资料。

一、隔代家庭照顾者基本信息

本书中的研究共访谈了 18 户家庭，隔代家庭照顾者的基本情况如下：（1）就本家和外家关系而言，其中 4 户的隔代家庭照顾者为外祖父母，有 14 户的隔代家庭照顾者为祖父母（其中有 1 户属父亲入赘型家庭，有 1 户属孙女收养型家庭）；（2）就照顾者健在与否而言，有 15 户的两性隔代家庭照顾者均健在，有 1 户的祖父已亡故，有 1 户的祖母已亡故，有 1 户的祖父母均已亡故；（3）就照顾者的年龄而言，其中 12 位隔代家庭照顾者的年龄处于 53 岁（含）至 59 岁间，16 位隔代家庭照顾者的年龄处于 60 岁（含）至 69 岁间，5 位隔代家庭照顾者的年龄在 70 岁及以上。此外有 8 户家庭的隔代家庭照顾者在 50 岁之前就晋级为祖辈，其中最小年龄者在 43 岁时就晋级为祖辈；（4）就隔代家庭照顾者的学历而言，在每户承担孙子女生活照料主体责任的隔代家庭照顾者中，年龄越轻者的受教育水平越高，其中有 6 位隔代家庭照顾者的学历为文盲，7 位为小学学历，5 位为高中学历；（5）就隔代家庭照顾者的身体健康而言，10 户的两性隔代家庭照顾者均身体健康，3 户的两性隔代家庭照顾者的其中一方患老年疾病，2 户的两性隔代家庭照顾者双方均患老年疾病，2 户的单一隔代家庭照顾者患病。18 户受访家庭的隔代家庭照顾者共为 26 名孙子女提供了隔代家庭照顾，平均每户照顾约 1.4 名留守儿童。

二、受隔代家庭照顾儿童基本信息分析

本书中的研究经由访谈、观察和文献收集等方法收集到 18 户家庭的受隔代家庭照顾儿童的基本信息：（1）就性别情况而言，其中男童 11 名，女童 15 名；（2）就受教育阶段情况而言，有 3 名儿童处于初中学习阶段，17 名儿童处于小学学习阶段，4 名儿童处于幼儿园学习阶段，2 名儿童处于未入学的婴幼儿期；（3）就营养健康情况而言，所有隔代家庭照顾者自述未见有疏忽孩子营养保障的状况，所有受访家庭自述所照顾儿童身体都健康，仅有 2 名留守儿童曾出现体弱

多病现象；（4）就学业表现情况而言，有11名留守儿童学业表现为班级前十名，3名留守儿童学业表现一般，5名留守儿童学业表现为班级后端排名；（5）就安全保护情况而言，有4名留守儿童发生过意外伤害，其中永琪曾发生过误食蚊香中毒，柏杨曾在骑自行车上学途中摔伤和掉入水渠中，小妮弟弟曾在祖母骑电动车送小妮上学途中从车上突然跌落到路上，金花曾在学校里碰青额头；（6）就看护情况而言，有7个家庭的隔代家庭照顾者反映在需要出门忙农务或其他事务时偶尔会将儿童独自留在家中；（7）就心理健康状况而言，有7户的儿童心理健康状况良好，有5户的儿童发现可能存有心理健康状况不良现象。有7名儿童因缺少与母亲的互动而表现出明显的亲子关系疏离现象。

三、隔代家庭照顾家庭基本信息分析

从所分析的18户家庭照顾状况来看：（1）就家庭经济情况而言，其中有3户家庭经济宽裕，有7户家庭经济属小康水平，有8户家庭经济贫困；（2）就照顾时长情况（以每户所确定的1位留守儿童为参照）而言，3年及以下的短期隔代家庭照顾型家庭有3户，3至5年（包括5年）的中期隔代家庭照顾型家庭有4户，5年以上的长期隔代家庭照顾型家庭有11户。

第二节　农村留守儿童隔代家庭照顾成因分析

依据法律和人伦常理，儿童主要由父母照顾。但是在现今我国社会快速转型期出现了大量儿童交由祖辈（祖父母或外祖父母）照顾的现象，从而出现了大量的农村留守儿童群体和隔代照顾家庭。孩子为何交由祖辈照顾？这实际是一种在多重因素影响下经由家庭决策后的结果和行动。从本书中研究的18户家庭的受访对象的叙述来看，能够将隔代家庭照顾的主要形成原因归纳为：（1）父母外出务工，即养家糊口；（2）父母婚姻变动，即接力照顾；（3）父母生育二孩，即照顾分担；（4）留不下的城市，即退守乡村。

一、父母外出务工：养家糊口

诚如已有研究所指出的一样，农村留守儿童的父母外出的主要目标是务工、谋求更高的经济收入和更好的发展机会，以改善家庭经济条件和家庭生活质量。在18户案家的访谈中，有14家明确表示孙辈交由祖辈照顾的原因主要是父母要外出务工。家庭需要维持生计和改善生活条件，而要达到这一目标最为关键的措施就是透过外出务工途径来扩展经济来源和增加经济收入。一方面，我国长期实施的城乡二元经济体制，致使出现了严重的城乡发展的"剪刀差"问题，农产品相比于工业产品价格低廉，农民所占人均农田等生产资源份额又十分微小，因而农民依靠种田和养殖所获收入十分微薄。另一方面，我国自1978年以来，农村施行家庭联产承包责任制，农民以家户为单位承包集体所有的土地开展生产，每年缴纳国家农业税和集体公共提留外的产品归家庭所有。这虽然在一段时间内有效激活了农村生产力,但微小规模土地的家庭生产越来越难以支撑家庭经济,特别是随着现代农业科学技术的应用推广,大量农民被挤甩出依托土地的生产系统而成为剩余劳动力。在农村难以满足农民工作需要和增加收入的现实情境下,国家所主导的市场经济却自20世纪90年代以来得到快速发展。如此一来,城市中以工业为主导的第二产业和以服务业为主导的第三产业迅猛兴起,为大规模吸纳农村剩余劳动力和催生农民工进城务工大潮提供了条件。从表3-1可以看到,其中14户受访家庭决定将孩子留在祖辈身边照顾是经由家庭经济决策的一种结果。

"……他妈妈不挣钱的话这个家就没办法撑,以前我还可以挣点钱,最近两年就挣不到什么钱了,就靠他妈妈挣点钱维持家庭啊……"(案1)

"……家里这么多人(要养),要出去挣钱呢,年轻人挣钱相对好挣点……他们在外面做事时,我就跟他们在外面带,带到(孙女)读书的时候就带回来了……"(案3)

"……他们就是要出去做事,家里要用要养。不去打工的话这近处也没事做,父母打工去了就没时间带孩子,我就没办法咯,只能我自己帮他们带孩子……"(案6)

"……她妈妈没带一点钱回来,没有一个钱,就必须要去打点工,给她交学费、买衣服。就是这样过,然后家里的事就是我帮她做,她妈妈没回就是我帮她送啊接啊,帮她给孩子做饭吃……"(案7)

"……到现在他们的房子(新楼房)还没建起来,他爸妈如果不出去呢,经济来源就没有。经济还是很重要的!这个小孩,你不帮他们带,他们就得自己带,他们就不能出去打工。但是经济还是不能够少,所以只得我们帮他们带……"(案13)

"……他们就要出去打工。这个小孩子不大就带出去跟着他们打工。那个时候他们就只能一个人打工一个人带孩子。后来他们带到8个月左右,我就打电话跟他们说你们就送回来我给你们带。就这样从8个多月大到如今都是我带咯……"(案15)

"……从2015年起就没什么经济来源。加上儿媳妇一走,就造成这个家庭更加的穷困……我们现在就是靠我儿子,他爸爸呢就要多出去挣钱,要撑起这个家庭,有口就要吃嘛……"(案17)

二、父母婚姻变动：接力照顾

在这 18 个案例中，有 7 户的隔代家庭照顾决策是与受照顾儿童的父母的婚姻状况变动（即离家出走、分居、离婚等）有密切关系的。换言之，如果父母外出务工是形成隔代家庭照顾的主要动因，父母婚姻变动则同样是一个影响未成年人照顾决策变动的重要因素。对于儿童而言，其最为基本的成长环境应该是以父母婚姻关系为基础所建立的家庭系统，由此父母间形成横向同辈间的夫妻关系，而父亲和母亲又与子女构成纵向代际间的亲子关系，而夫妻关系与亲子关系则构成了一种三角形的家庭关联式结构。如果父母间的婚姻关系比较稳固和紧密，则三角形的家庭关联式结构会比较稳固和紧密，一旦父母间的婚姻关系有变动，则会直接影响到儿童赖以生存和获得照顾资源的家庭系统的稳固性。

在本书研究的案例中可以发现，父母婚姻变动后，儿童的照顾责任随之大幅度乃至全部让渡给祖辈。这种由父母婚姻变动所带来的儿童照顾责任向祖辈转移的类型有以下三种。

（一）父母离婚后母职角色缺位

如案 2、案 6、案 15 和案 17 中，父母离婚后，孩子的母亲离开家庭后基本不会再和这个家庭有接触，致使母子关系几乎处于断裂状态。在孩子父母的离婚过程中，母亲会因多种因素影响而多将子女留在父亲一方的家中照顾。这些因素包括：（1）孩子的母亲多是外村乃至外省人，因而离婚后母亲基本上不仅会离开这个家庭，甚至会离开本省，她们比较缺乏抚养子女的物质资源和条件；（2）孩子的母亲受制于社会性别不平等和受教育程度低等因素在经济收入能力上要弱于孩子的父亲，因而离婚后难以负担子女的照顾经济成本；（3）农村的婚姻文化偏向离婚时将子女交由男方照顾，而男方迎娶离婚女性时偏向其"独身入户"（即再婚时不带与前夫所生子女入户）。在这种状况下，祖辈多被迫承担照顾孙辈的责任。

"……就是这样闹离婚。这都离婚两年了。2016 年 11 月 24 日就离婚了……平时她妈妈和她就是打电话，我孙女有个电话手表，基本上每个星期都会打一

个。只有母女才会视频……"（案2）

"……两个人不在一起工作，一人一个地方，然后感情就疏离了。然后这个（儿子）就和别人发生关系。只有离没有其他办法，两个人不合了……现在问我孙女想不想认她的亲生母亲，她就会说'我不想'，因为她妈妈从离婚后就没来家里探望过她，只有过一段时间的电话联系……"（案6）

"……后面就在他3岁差不多样子的时候就来离婚，离婚之后就再也没打过电话，他妈妈真的连电话都没打过来过。一直就是我这样带着……"（案15）

（二）父母离婚后父职角色缺位

从研究资料分析来看，农村家庭在离婚后或夫妻感情破裂时，子女的照顾和监护责任归属多倾向于父亲一方，但有时也主要由母亲一方来承担照顾和监护责任。在案1中，女婿是经由"招郎"（入赘）到女方家生活的，在夫妻双方离婚后，女婿则"净身出户"离开这个家庭，两个孩子则留在祖父母（即女方的父母）身边照顾。法院判决女婿拥有大孙子的抚养权，但岳父因女婿未履行经济补偿而不同意将大孙子移交给女婿。女婿在离婚后数次前来女方家里接大儿子不成，后来索性不来接孩子也不来看望孩子，更无任何经济支持。在案7中，孩子父母在恋爱过程中就受到外祖父母这一方的阻挠。几经周折后女方父母才同意结婚，结婚后夫妻在北京生活。2014—2016年间夫妻关系严重恶化并开始闹离婚，2016年外孙女由母亲带着离开父亲来到外祖父母这边生活。此后，外孙女与其父亲失去联系，并开始由外祖父母和母亲一同照顾。在以上两个案例中可以看到，在父母离婚或婚姻破裂事件的影响下，孩子的照顾和监护责任则由父母双方负担转由母亲一方负担，而父亲则在孩子的成长中缺席。

"……后来离婚了，法院只判了还一万多，到现在都五六年了也没消息……法院判离婚的时候，他自己要求要一个（孩子）。他就选择了大的……到现在这么多年了，一是他（女婿）从来不给他（大孙子）一分钱，二是从不来家里也不去学校看他（大孙子）一下……"（案1）

"……然后，我女儿就回来了，她就把小孩带回来了。人是回来了，但没有带其他东西，连带小孩去读书的钱都没有，光回来了两个人。俩娘女，没有一点东西。后来就在我这里生活，女婿也冒（没有）提供一点支持……"（案7）

(三) 父母再婚重组家庭：多余的孩子

从研究资料分析来看，父母婚姻重组是影响孩子照顾责任归属和照顾模式变动的重要因素。在案 6 和案 10 中，孩子都是因父母离婚后再重组家庭，被安置在祖父母家或外祖父母家生活。如在案 6 中，女孩的母亲离婚后返回自己家乡后重组家庭，刚离婚的一年中母女间还有电话联系，但后来就断失了联系。女孩的父亲在离婚的同年重组家庭并生育一子，继母不愿意接纳她去深圳和他们一起生活。在这种情形中，女孩的母亲和父亲各自组建的新家庭都不愿意接纳她，致使她成为"多余的孩子"，只能由祖父母来提供照顾。在案 10 中，女孩父亲期待生一个男孩，当所生孩子是女孩后，父亲将她们母女俩赶回外祖父母家中。后来母亲去其他城市务工并在外地重新组建家庭，因而她一直在外祖父母家由他们照顾。从这两个案例中可以看到，在父母婚姻重组的过程中，前段婚姻所生育的孩子的照顾安置则成为一个难点。这些孩子对于父母重组的新家庭而言，有可能成为"多余"的孩子而不被接纳或遭到排斥。这时祖父母或外祖父母家则可能成为这些"多余"孩子的收留处和避风港。

"……她后来的丈夫脾气也暴躁，这个男的（儿媳妇的新丈夫）听他语气也晓得脾气暴躁，应该也有怕她跟这边又有接触的这种想法……她也一直没回来过，不知道是不记得打电话还是她老公不让她走，也可能对方不肯，生怕你顾了这个……"（案 6）

"……他们离了后，我儿子就和第二个（儿媳妇）自由结婚了，生了一个孙子，现在 6 岁。他们都在珠海生活，孙子就由外婆在身边带……她（继母）也是不愿意（把孙女）带在一起，我们也就不能硬要放在一起去，在家里也带得住……"（案 6）

"……我女儿今年也 30 岁了，她反正嫁到别人家去就不管她了。她就是只买一些衣服过来……孩子爸爸那边也不管，也就一年买两套衣服……"（案 10）

三、父母生育二孩：照顾分担

我国自20世纪80年代始长期实施计划生育政策即独生子女政策，直至2013年才开始实施二孩政策，接着又在2015年扩展至全面二孩生育政策。在这种生育政策改革的影响下，生育二孩则成为2013年以来许多家庭的重要决策和行动。如案3、案8、案12都是国家放开生育政策后，家庭将生育二孩纳入家庭整体计划中，但父母并未就此放弃外出务工的机会，而是将子女照顾责任转交给祖辈（见图3-1）。在本书中，可以看到在做出生育二孩的决策和行动中，最为关键的考量因素是照顾人手和照顾成本。祖父母或外祖父母能够提供照顾人手方面的支持，而农村的照顾成本相对于城市的要低，这两个有利条件是外出农民工将孩子留在农村照顾的重要决策依据。孩子在婴幼儿期需要成人提供长时间乃至全天候的照顾和保护，因而新生儿在1岁内（或断乳前）多由母亲照顾；当孩子进入幼儿期后独立性会随着年龄的增长而不断增长，同时依赖性会逐渐下降，这时孩子交由祖辈或其他人照顾也是可行的。因而在案8中可以看到，在家庭生育第二个孩子时，就将第一个孩子送回农村老家由祖父母代为照顾，从而实现了祖辈与父辈分工协作以承担孩子的照顾责任。

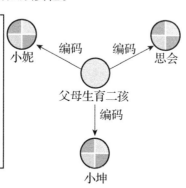

图3-1　生育二孩情境下的隔代家庭照顾动因

从本书中的资料分析来看，对于在外务工的家庭生育二孩，其子女照顾责任分担和照顾形态基本有三种方式。第一种方式是孩子先回农村由祖辈照顾再进入城市交由父母照顾。如案12中，孙女在上小学前交由祖母在家里照顾，在即将上小学一年级时，则由母亲接回教育质量比较好的城市由父母自己照顾。案12的家庭初步计划是，待第二个孩子出生后同样将他交由祖父母在农村照顾直至其上小学前再接回父母身边到城市上小学。第二种方式是先由祖辈在农村照顾第一个孩子，当第二个孩子出生后再由父母一方返回农村与祖辈共同照顾两个孩子。如案8中，孙子出生后一直跟随父母在城市生活，在其妹妹出生前被送回农村交由祖父母照顾和接送上学。全家计划在2019年母亲放弃工作带着女儿回到家中，由母亲和祖父母共同照顾两个孩子。第三种照顾方式则是由祖辈进入城市协助照顾一段时间后再将两个孩子送回农村由祖辈照顾。如案3中，孙女出生后一直跟随父母在杭州生活，而祖父母也来到杭州协助照顾孙女。在孙女即将上小学前，考虑到城市教育成本过高等，则由祖父母将孙女带回农村读书。在家里第二个孩子出生前母亲也回到农村，这样孩子一出生就可以在照顾上得到祖父母的支持，而母亲在孩子断乳后则返回城市继续务工。

"……当时孙子交给我们带，他们到外面去打工，四川平江离这里比较远，没办法去帮他们照顾。另一个原因是我们这个儿媳妇又怀了孕。然后孙子就没办法放在她身边照顾了。因此就把他送回家里由我们来照顾……"（案8）

"……大的已经满了11岁，下半年读六年级，小的6岁，在上幼儿园……首先他们在杭州做事，就跟他们在外面带，在她要读小学前回来了……她妈妈要生第二个就回来了，在家里带小的（孙子）带到1岁就又出去打工了……刚开始我一个人在家里带，他们爷爷也不在家，只是有空就回来一趟……"（案3）

四、留不下的城市：退守乡村

从本书中的资料分析来看，部分家庭的孩子在学龄前是跟随父母在其务工的城市中生活和成长的，当孩子需要上小学时则可能面临接送孩子困难、照顾人手不足、教育成本难以承受等诸多问题，从而难以继续留在城市上学和生活，这些孩子就可能被送回农村上学和生活,并转由祖辈照顾。在案3中,孙女在上小学前都是随同父母在杭州生活,并在城里接受幼儿园教育。当孙女要上小学时,父母因行业发展不景气而遭遇失业,孙女只好被送回农村老家上学并由祖母在家照顾。如案8中,孙子在3岁前都是随同父母在务工的城市生活,但在其要进入幼儿园学习时则面临上学接送困难和照顾人手不足的问题,且这时孩子的母亲已经生育二孩因而没有精力同时照顾两个孩子,也负担不起请保姆来照顾孩子的费用。在这种情形下,孙子只好被送回到祖父母身边生活。

因为我国的社会保障制度是基于城乡户籍采取"城乡分治"策略的,绝大多数流动人口在城市生活过程中缺乏基本的社会保障,以农民工为主体的流动人口在流入城市就业时,难以享受本地的社会保障权益。[1] 流动儿童在没有城市户籍的情境下会在教育、医疗等方面遇到困难。

"……因为在私人厂里上班,养老保险太贵了,自己全交经济受不了,所以没交。小孩在杭州读书要我们有交养老保险才能上学……"(案3)

"……这一个问题。这没什么好多想的,现实是这样的嘛!他(儿子)只能留在家里由爷爷奶奶照顾啊!上学啊!这个东西没办法,你像那个小的(女儿)到了上学年龄,要不就是我老婆回来照顾啊!要是还是在外面打工的话,就只能把小的也放在家里,这个没办法,只能辛苦爸爸妈妈(小坤祖父母)了……"(案8)

---

[1] 郑秉文.社会保障制度改革20年鸟瞰与评论[J].中国人口科学,2007(5):9-13.

第三节 隔代家庭照顾模式分析

从隔代家庭照顾的访谈资料来看，家庭在照顾儿童的过程中需要整合不同系统的服务和资源来满足儿童身心发展的各种需要。父母外出虽然可能会因"分而居之"的时空分割导致亲子关系疏离和日常照顾角色缺位，但并未阻断父辈与子女间的亲缘与血缘关系以及父辈履行家庭责任和提供支持的路径。因此，可以归纳发现，隔代家庭照顾模式受祖辈照顾者系统结构和父辈支持系统结构的影响。首先，从祖辈照顾者系统结构变动因素来看，如果祖父母（外祖父母）均在世并共同生活，则可能形成祖辈双亲照顾模式，如案3、案5等；如果祖父母（外祖父母）一方亡故或无照顾能力，则可能形成祖辈单亲照顾模式，如案15、案16和案17。其次，从父辈支持系统结构变动因素来看，如果父母在婚且关系和谐，则可能形成父辈双亲支持型照顾模式，如案3、案12等；如果父母离异或感情破裂，则可能形成父辈单亲支持型照顾模式，如案15、案16、案17。再者，如果父母关爱子女且亲子关系紧密，则可能形成父母关爱型隔代家庭照顾模式，如案3、案12等；如果父母遗弃子女或亲子关系疏远，则可能形成父母遗弃型隔代家庭照顾模式，如案9和案10等。

研究者借助印的二维矩阵清单质性资料分析方法和策略，以隔代家庭照顾者系统结构和父辈支持系统结构作为两个维度建立二维矩阵，对18户受访家庭的隔代家庭照顾资料进行归纳性分析得到表3-2。基于该表资料的分析性归纳，可以从理论上将农村留守儿童隔代家庭照顾模式划分为6种，但本书中所收集的资料主要呈现了4种隔代家庭照顾模式，分别可归纳为：父辈双亲支持型祖辈双亲照顾模式、父辈单亲支持型祖辈双亲照顾模式、父辈单亲支持型祖辈单亲照顾模式、父辈无支持型祖辈双亲照顾模式。

表 3-2 农村留守儿童隔代家庭照顾模式类型

		父辈支持系统结构		
		双亲支持型	单亲支持型	无支持型
祖辈照顾者系统结构	双亲型	案 3、案 4、案 5、案 8、案 12、案 13、案 14、案 18	案 1、案 2、案 6、案 7、案 11	案 9、案 10
	单亲型		案 15、案 16、案 17	

一、父辈双亲支持型祖辈双亲照顾模式

从研究资料分析来看，18 户受访家庭中有 8 户（案 3、案 4、案 5、案 8、案 12、案 13、案 14、案 18）家庭是属于这种照顾模式的，所占比重约为 44.44%，可见这一照顾模式是农村留守儿童隔代家庭照顾的主体模式。其最典型的特征是祖辈的双亲都在世并能参与照顾活动，父辈的婚姻关系属于在婚状态，父母双方能够为家庭照顾提供支持。换言之，这种隔代家庭照顾模式是建立在家庭结构完整的基础上的，即照顾孩子的祖辈双亲（祖父母或外祖父母）是在世的，祖父母或外祖父母在孩子的照顾过程中能够一定程度上"补位"父母的照顾角色和照顾功能。相应的，父母的夫妻关系结构完整，则能够较好地为隔代家庭照顾系统提供支持，比如面向隔代家庭照顾者的经济支持、情感支持和照顾喘息支持，以及面向孩子提供教育和社会化方面的支持，特别是心理关爱。

"……那他（祖父）一般也要很久才回来一次，到夏天比较热则在家待的时候多一些，那时候他是在醴陵花木基地管理花木……我学骑电动车的时间也不长，是在儿子在家的时候（2012 年儿子因工厂倒闭失业全家回到老家）学的，他们不在家就骑着接送小孩……"（案 3）

"……我儿子在外面开挖掘机，我儿媳妇在药店里上班，没办法，只能我们照顾小孩……生活费用由小孩爸妈负担。我们家就一个儿子，不分你我。一般是小孩爸妈付钱，少了就我们出。有时他们拿两三千，我们就加放一千在里面。吃和买零食等这些方面由我负担。买零食难道还向他们报账？他们拿就拿，不拿我就自己出……"（案 5）

二、父辈单亲支持型祖辈双亲照顾模式

从访谈资料来看，18 户受访家庭中有 5 户（案 1、案 2、案 6、案 7、案 11）属于这种照顾模式。所占比重约为 27.78%，说明这一照顾模式是农村留守儿童隔代家庭照顾中的第二大模式。在这种照顾模式中，最大的特点是父母只有一方可能全方位地为家庭照顾提供支持，而父母另一方则提供的支持非常薄弱乃至完全缺位。因此，在儿童照顾过程中，（外）祖父母需要承担更多的照顾责任和家庭角色，父母缺位那方的角色和责任就上移至祖辈。

母亲在童年期儿童的成长中扮演着关键性角色，特别是母亲在与儿童间形成正常、温暖与支持性依恋关系上的角色作用他人是无法替代的。因此，当农村留守儿童的父母出现离异或感情破裂时，母亲离家后一旦断绝与孩子及家庭的所有联系，则将对儿童成长产生强烈的负向影响，而最为直接的影响就是儿童在"母爱剥夺"的情境下丧失了与母亲建立亲密亲子关系的机会。再者，父母作为家庭支持和儿童照顾的参与者，对于保障家庭系统的结构稳定和功能发挥着不可替代的作用。一旦父母一方退出这个家庭系统，则意味着直接减少家庭照顾系统的支持力量和资源。比如家庭系统的经济来源将由原来父母双方支持转变为父母一方支持，这可能会导致家庭经济功能变得脆弱。因而留在家庭中的父母一方必须外出务工，从而更缺少时间和资源来为孩子的家庭照顾提供支持，进而导致隔代家庭照顾系统的弹性降低，隔代家庭照顾者在孩子的教育、社会化和生活照料等方面会面临更多的障碍和困境，并且在母亲缺位的情况下更难以化解这些困境。

"……他来了五六年，本来是做砌墙工的，不但没交一分钱，反倒我还拿了两万块给他。法律也不算硬，那怎么说呢，拿我两万多，法院判离婚时只判他还一万多（给我），可是到现在，有五六年了，没消息……我们现在就靠他妈妈打工挣点钱来养家……"（案 1）

"……2014 年就开始闹离婚，2016 年我孙子那时还只有 2 个月左右，3 个月还没到吧，就离婚了！……我儿媳妇就只是打电话过来，基本上每个星期都会打一个（电话）给我孙女，孙女有个手表电话。我孙女跟他爸爸每天晚上都会视频，和她妈妈就不视（频），一般别人来了才和她妈妈视（频）一下……"（案 2）

"……我儿子对这个养女还是很喜欢的,经常回来会陪她玩耍,带礼物给她,父女俩的感情也很不错。但我儿媳妇就一直耿耿于怀不是自己亲生的,回来了也不大愿意与孩子亲近……"(案 11)

三、父辈单亲支持型祖辈单亲照顾模式

在本书研究的个案中,有案 15、案 16 和案 17 属于这种照顾模式。在这种照顾模式中,祖辈照顾者系统结构和父辈支持系统结构都出现了结构不完整的问题。比如父母的夫妻关系中出现了离婚或感情破裂,其中一方离婚后离开家庭或者长期离家出走失去联系。这样就导致父辈支持系统成为单亲系统,从而降低了该系统对隔代家庭照顾系统以及儿童的直接支持。相应的,作为隔代家庭照顾者系统构成要素的祖辈中的一方可能在隔代家庭照顾开始前就因疾病或意外事故等已亡故或失去照顾能力,或者因儿童的父母离婚等事件脱离家庭,由此导致隔代家庭照顾者系统在一开始就是由祖辈一方构成。另外,隔代家庭照顾者在为孙辈提供照顾的过程中,同样可能因为疾病、意外事故等而亡故或失去照顾能力,从而致使隔代家庭照顾者系统由祖辈双亲构成转变为祖辈单亲构成,乃至隔代家庭照顾者系统消亡。由于留守在家照顾孙辈的祖辈单方需要同时补位父职和母职的照顾角色和功能,而在外务工的父辈单方也同样需要补位父辈另一方的角色与功能,因此这种照顾系统的功能和弹性会进一步弱化。

如在案 15、案 16 和案 17 中,祖辈和父辈的双亲结构都是缺损的。3 个家庭的祖辈中有一方较早亡故,因而孙辈的家庭照顾主要由在世的祖辈一方承担。此外,3 个家庭同样都发生了父母离婚事件,孩子母亲在离婚后都离开家庭并断失所有联系,母亲再无承担孩子的任何照顾和监护责任。在这种情形下,3 个家庭形成了共同的家庭照顾模式,即孙辈留在家中由在世的祖辈一方(案 15 为祖母,案 16 和案 17 为祖父)照顾,承担离婚后子女监护责任的父辈一方(案 15、案 16 和案 17 均为父亲)负责外出务工借此为家庭照顾提供经济支持。

"……后面在他两三岁的时候就闹离婚,差不多 3 岁的样子正式离婚了,离婚之后就再也没打过电话,带到这么大他妈妈电话都没打过来一次!她写着我们

电话号码去的,但她没打一个电话来咧……"(案15)

"……我也不知道他(柏杨父亲)做事的情况,也没看他拿过多少钱回来。这回是他爷爷死了,学费就必须要他出了,我母亲要用钱的时候就打点钱过来……"(案15)

"……大约我4岁时爸爸妈妈离婚了,爸爸在很远的地方打工,爷爷一个人在家里照顾我……"(案16)

"……2014年就(法院)判决了(离婚),到今年2018年已经有4年的时间了……我这个老底子就不富裕,再加上这多方面灾难接二连三地来,贫困压力……那要靠她爸爸,我本身也有冠心病、支气管炎,做一点事就特别的下气接不上上气……"(案17)

四、父辈无支持型祖辈双亲照顾模式

在本书的个案中,有案9、案10属于这种照顾模式,孩子的父母由于离婚、家庭重组、责任感缺失等多重因素影响而出现遗弃子女或不履行家庭照顾责任的现象。如此一来,隔代家庭照顾者需要全方位接管照顾孩子的责任并承受照顾费用负担,即隔代家庭照顾者既要负责照顾孩子,也要谋求经济收入以养家糊口。在这种家庭照顾模式中,隔代家庭照顾者的身体健康状况和家庭收入能力成为主导隔代家庭照顾质量的核心要素。首先,就隔代家庭照顾者身体健康状况而言,如果隔代家庭照顾者双方身体健康状况比较好,则在处理日常照顾和家务操持方面具备较好的身体条件。相反,如果隔代家庭照顾者一方或双方都存在身体健康方面的问题,比如罹患冠心病、高血压、支气管炎、中风等,这不仅会影响对孙辈的日常照顾质量,还会因为日常的治病用药而增加家庭经济压力。其次,就隔代家庭照顾者收入能力而言,如果隔代家庭照顾者拥有一定的劳动技能或拥有较多的就业机会,则有助于保持较持久的就业状态和维持一定水平的家庭收入;但如果隔代家庭照顾者缺乏劳动技能或在当地缺少适当的就业机会,再或者身体状况不佳,则家庭易陷入经济紧张乃至贫困状态,并可能需要来自政府的社会保障支持和社会慈善救助。从家长的权利和责任来说,家长既有根据自身的意愿和条件构建孩子的生活形态、教养方式、行为标准等方面的权利,也同时具有抚养和照顾孩子的责任,一般而言,社会期待父母为孩子提供经济、照料、关爱、社会化和教育等福利和保护。然而案9和案10中的父母均未履行其应尽的家长责任,既放弃了作为父母的权利,也损害了子女的基本权益。

"……她妈和我儿子都在长沙做事,就这样谈了恋爱。当时我们也不知道她是已有家庭的人,谈了就在我家里待了两年,生下了这个女孩。后来她家里就来找她,她就回去了。小孩子三个多月就丢在这边,一直就是我们带。我儿子也是没什么出息的人,没点用,反正不回家,她妈自从孩子三个多月大走后就由我们带到现在这么大……"(案9)

"……他们那边的人觉得生的是女孩就有点嫌弃,正好他爸爸妈妈是没有办结婚证的,只办了酒席,然后他们就离了,他们没有办结婚证,就不用去政府办离婚手续,她就把妹子(外孙女)带回来了……我们就是从一个月开始带,反正就是我们一手带的……"(案10)

第四节　农村留守儿童隔代家庭照顾者系统内部协作机制

传统的农村家庭生活主要有农业生产、家庭成员照料与家务劳动三个方面，但随着城乡经济体制改革的深入，在社会主义市场经济体制主导下的农村家庭生活已经扩展到了外出务工。因而，在农村留守儿童家庭中，可以看到隔代家庭照顾者在照顾孙辈的同时还需要兼顾农业生产、家庭养殖乃至外出务工等。对于农村留守儿童家庭而言，父母外出务工的核心动因是增加家庭经济收入，但又受制于这种务工型的经济收入来源单一，收入量较小难以完全满足家庭消费需要，因而身负照顾孙辈之责的隔代家庭照顾者需要在照顾角色和经济角色上进行协调和分工。一般来说，女性相比于男性，被更多地赋予家庭照料和家务操持的职责，而男性更多地被赋予维持生计和增加家庭经济收入的职责。由此来看，外出务工的父母和照顾孙辈的祖辈需要通过多种形式的协作和配合才能促使家庭生活得以维持。

生活照料服务提供与实施的前提条件是照顾者与被照顾者在时间和空间上具有重合性，但农村留守儿童恰恰因为父母外出务工、父母离婚等各种原因在时间和空间上产生了"分离"，因而其父母无法在孩子的生活照料上履行父母之责，只得将这一责任转移到祖辈身上。由此而论，在农村留守儿童的生活照料上主要是由祖辈来承担的，这一状况在本书的研究中也得以证实。从受访的18个案例中的儿童生活照料情况来看，（外）祖父母双方协作一方主责模式最多，其次是（外）祖父母双方协作共同参与模式，第三种则是（外）祖父母一方承担模式。

一、(外) 祖父母双方协作一方主责

在祖父母或外祖父母双方都能正常参与家庭生活的情况下，往往有一方主责。在本书的研究中，祖母和外祖母作为女性，在留守儿童的生活照料上扮演了主责角色。如案 3 小妮家（参见图 3-2），小妮的父母一直在杭州务工，在小妮出生后祖母就跟随小妮父母照顾小妮，在小妮上小学一年级前祖孙两人才随同待产的母亲回到老家。其母亲在弟弟 1 岁时又返回杭州务工，姐弟俩交由祖父母照顾，在农村被照顾时长已有 5 年。小妮的祖父母属于水库移民，家底非常薄弱，在供小妮父亲及姑母读高中时欠债。加之建新房及小妮父母经商亏损，家庭经济一度十分贫困。小妮的祖父每年有大半时间在外面打工做事，其他时间也会在家附近打一些零工。因此，小妮和弟弟主要由祖母一人照顾。在研究者 8 月份入户访谈时，遇见了小妮远嫁陕西的姑母及其儿子。据小妮姑母讲述，考虑到母亲一人带两个孩子过于辛苦，再者自己也打算在母亲这边的镇头镇寻找打工或创业的机会，所以经兄妹两家商量后她带着儿子回到母亲身边，这样既可以帮助母亲照顾孙辈减轻她的负担，也可以寻找工作机会。研究者在进行本书的研究资料分析与撰写过程中一直与小妮姑母保持微信联系，从交流中得知其在镇头镇的一家婚纱摄影馆找到了工作，白天在镇上上班，晚上回到家中协助母亲照顾 3 个孩子。据小妮祖母讲述，她以前不仅要照顾两个孩子，接送他们上学，还要兼顾家里和田间的农活。孙辈不上学时，还会自己磨豆腐挑着到村里卖，这样可以赚一些零用钱用于家里开销。

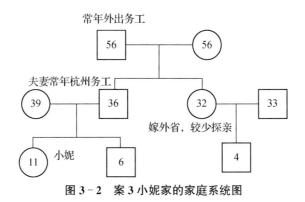

图 3-2　案 3 小妮家的家庭系统图

如案 6 金花家（参见图 3-3），金花的父亲在她出生前一直在外打工，而母亲在家喂养金花到 1 岁后也外出务工了。此后一直由祖父母在家照顾，由于祖父需要照顾 80 多岁的老母亲，因而金花的生活照料主要由祖母操持。在金花 5 岁前，其父母在外务工和创业初期都不顺利，几乎没给过家里钱，而家里本来就有供金花父亲和姑母上高中时的欠债，后来家里盖新房又欠债，因而家里十分贫困。金花的姑母在高中阶段成绩很好，但因家里供不起所以在高考前夕被金花的祖父强令辍学。在这种情况下，金花的祖母不仅要照顾她，还要在负责家务活和部分农活的同时，想尽办法到村上其他人家打工，以贴补家用。金花 5 岁以后，其父母创业开始步入正轨，虽然经济上有大幅度改善，但金花的祖父在其侍奉母亲去世后即常年在金花父亲的工厂打工了，金花则完全由祖母一人在家里照顾。金花父母在 2011 年离婚后，其父亲又重组家庭，并生育一子带在身边抚养。为了不让金花受到歧视和伤害，祖父母决定将她留在身边由他们自己抚养。

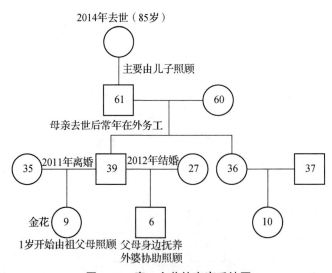

图 3-3 案 6 金花的家庭系统图

再如案 9 冰冰家（参见图 3-4），冰冰出生前两年父母在家附近的烟花厂打工，但冰冰出生 3 个月后母亲离家再无联系。而父亲因青少年期和不良青年混迹而沾染游手好闲的恶习，在冰冰母亲离家出走后也离家而去，用冰冰祖父母的话来说就是"在外打流"，极少回家，也很少主动打电话给冰冰。因此，照顾冰冰的工作完全落在了祖父母肩上。2012 年冰冰祖母因脑出血中风，在发病期和康复前期，冰冰祖父要同时照顾年幼的冰冰和生病的祖母。后来冰冰祖母逐渐康复但腿部遗留残疾而行走不便，此后家里的经济收入来源主要靠祖父到镇上的工业园打工。由此冰冰的生活照料工作主要由祖母负责。

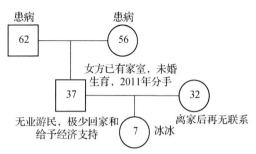

图3-4 案9冰冰家的家庭系统图

二、(外) 祖父母双方协作共同参与

从访谈资料来看，（外）祖父母共同承担（外）孙子女的生活照料工作的主要因素是（外）祖父母年龄偏高或身体衰弱被迫退出劳动力市场，或需要同时照顾多位（外）孙子女。如案1小笛家（参见图3-5），据向导介绍2017年小笛的祖父母轮流多次住院治疗，近3年依旧经常生病住院。在研究者进行入户访谈时也见到其祖父因病起身和行走都很困难。小笛祖父自述近3年不能出去挣钱了，只能在家里养病和看着孩子。因而，在孩子的生活照料上祖父母一起参与，祖父主要关注学习督促和习惯培养方面，祖母则负责做饭和洗衣之类的事务。

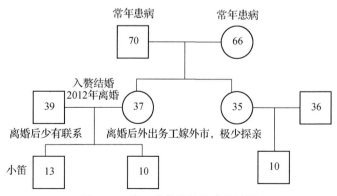

图3-5 案1小笛家的家庭系统图

如案 11 欣雨家（参见图 3-6），欣雨自出生 3 天后就被抱养到现在的祖父母家。养父母在外地跑车，一年只回来三四次，而养母很少在生活和情感上给予关心，所以欣雨的生活完全由祖父母负责。此外，欣雨的堂姐自 1 岁多以后也送交祖父母照顾，只是堂姐自小学一年级起平时在学校寄宿周末回来。在这种情况下，祖父母的主要任务就是照顾两个孙女。据欣雨的祖父母讲述，在喂奶粉、洗尿布、做饭等方面需要两个人配合，一个人根本忙不过来。另外，早上上学时送孩子到校车接送点和傍晚放学到校车接送点接孩子，必须两个人去，因为门口这段山路不好走，也让人不放心，所以常常是一人背一个或抱一个孩子。在家里的日常生活中，祖父主要管孩子的作业和思想教育，祖母则多负责做饭、洗衣服和陪孩子睡觉。

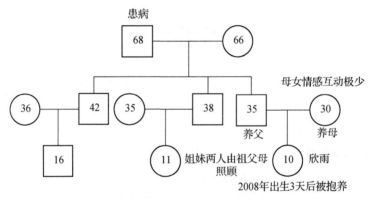

图 3-6　案 11 欣雨家的家庭系统图

再如案 13 永琪家（参见图 3-7），永琪的祖父上面有一个 92 岁高龄的老母亲，下面有 3 个儿子，还有包括永琪在内的 4 个孙子女。在这样一种家庭结构中，3 个儿子及儿媳常年在外务工，特别是大儿子及大儿媳一直在福州经商极少回乡探亲。大孙女出生后不到 1 岁就由祖父母照顾直至上小学一年级才被接回到父母身边。而二儿子的孩子和永琪则一直留在家里由祖父母照顾。在全面生育二孩政策放开后，大儿子又生育了一个儿子，祖母又去福州照顾孙子一段时间，2018 年 6 月祖母将孙子带回家里照顾。在祖母前去大儿子家照顾新出生的孙子时，祖父则在家中照顾其他两个孙子。祖父实在无法承受这种压力，同时考虑到 14 岁大的孙子正值初中学习关键期应该由父母督促，在其再三要求之下二儿媳于 2017 年开始留在家中照顾孩子。在这种情形下，永琪的祖父母近十多年间，始终要在家照顾好几个孙子女。因此，只有两个人通力协作、共同承担才能实现对孙女子的生活照料。

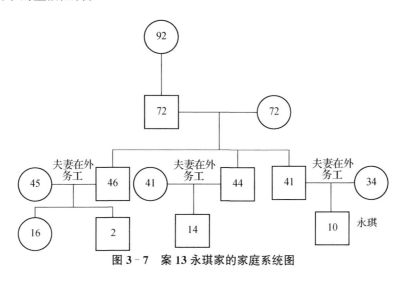

图 3-7 案 13 永琪家的家庭系统图

三、(外)祖父母一方承担

由（外）祖父母一方照顾（外）孙子女的主要情形是因（外）祖父母中一方死亡或其他原因离开这个家庭。如案 15 柏杨家（参见图 3-8），父母在其 3 岁时离婚，母亲离开后再无任何联系，而父亲常年在无锡打工。因此柏杨一直交由祖父母照顾，在祖父在生之时，柏杨上学读书都是由其接送。2016 年祖父因癌症去世后，柏杨就由祖母一人照顾。

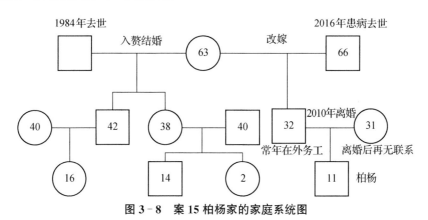

图 3-8 案 15 柏杨家的家庭系统图

再如案 16 思怡家（参见图 3-9），父母在 2010 年离婚后，思怡就由祖父照顾，而父亲一直在外省工作，直到 2017 年祖父因癌症去世，父亲才接替照顾女儿。在祖父去世的最初半年中，思怡交由叔祖母（柏杨的祖母）照顾，一日三餐和洗衣服都由叔祖母负责。直到思怡后来不再害怕一个人独自留在家中，才回到家中跟父亲一起生活。但父亲每天要到镇头镇上上班，所以思怡上学必须自己骑自行车去。而此前祖父照顾时，他不仅负责思怡的饮食起居，还负责接送她上学。

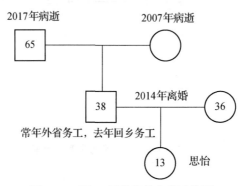

图 3-9 案 16 思怡家的家庭系统图

还有如案 17 小青家（参见图 3-10），在小青父母离婚之前，祖母就已经因癌症去世。2014 年小青父母正式由法院判决离婚后，小青就主要由祖父在家照顾，而其父亲则常年在城市的饭店中做面包师。爷爷在生活上充任着孩子父母的角色，给孩子做饭洗衣服，督促她按时看书写作业，思想上引导她要努力学习、知书达理、与人为善，每天接送她上下学。

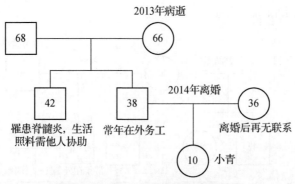

图 3-10 案 17 小青家的家庭系统图

第五节　农村留守儿童隔代家庭照顾运行条件分析

从生态系统的视角出发，对于农村留守儿童家庭而言，儿童留守与父母外出所构成的"亲子分离"家庭结构形成了一种张力，不仅改变了亲子关系模式，也改变了孩子的家庭生活形态。在这种情形下，由祖辈与孙辈所组成的隔代家庭成为农村家庭生活的一种新形态，而隔代家庭照顾则成为农村留守儿童在"亲子分离"期间的一种常态化的家庭养育和生活形态。本书经由18个家庭访谈资料的深度分析和隔代家庭照顾的实地观察，发现隔代家庭照顾是一种经由多系统参与和共同协作的动态运行系统。每个家庭的照顾都具有动态变化的特征。因为孩子的成长、隔代家庭照顾者的老化以及父母的外出都处于变动中，由此带来的代际间在身体条件、经济状况、能力素养、关系连接等方面的变化，将形成特定的家庭情境和照顾条件，进而影响隔代家庭照顾的成效和质量。

一、隔代家庭照顾有效运行的三种协同支持机制

隔代家庭照顾是由祖辈向孙辈提供养育和教育的行为和活动，这种照顾行为和活动需要经由运行机制、协作机制和支持机制的共同作用才能得以实现（参见图3-11）。首先，就运行机制而言，隔代家庭照顾者要围绕品行培养、营养保障、健康照顾、安全保护、学业辅导和生活照料等方面提供服务、资源、条件和机会。换言之，隔代家庭照顾的实施要经由这些具体方面将资源和服务传递给孩子，让他们获得成长所需的必要甚或充足滋养。其次，就协作机制而言，孩子的营养保障、健康照顾、安全保护、品行培养都是交融在日常生活中的，因而隔代

家庭照顾者主要负责日常生活照料，但生活照料是一项烦琐细碎的系统工程，而学业辅导则是一项需要具备一定文化基础和教育技能的事务，再则生活照料和接受教育都是需要一定经济条件作为支撑的。因此，在隔代家庭照顾中，生活照料、学业辅导和费用提供都需整合家庭内多个子系统乃至家庭外系统的资源和人手才能得以实现。再次，就支持机制而言，隔代家庭照顾离不开家庭与环境的支持，特别是来自孩子父母的支持尤为重要。在儒家文化的"差序格局"人际关系网络中，人们在日常生活中主要依靠家人、亲友、邻里、同事和同乡等建立互助网络。在本书的隔代家庭照顾案例中，在外务工的父母是照顾经费的主要支持者，也能为孩子的心理关爱和学业辅导提供一定的支持。此外，亲友和邻居以及老师也构成了对隔代家庭照顾者和儿童提供支持的重要网络。此外，学校、村委会作为一种正式组织也会为部分隔代家庭照顾提供必要的支持和帮助。

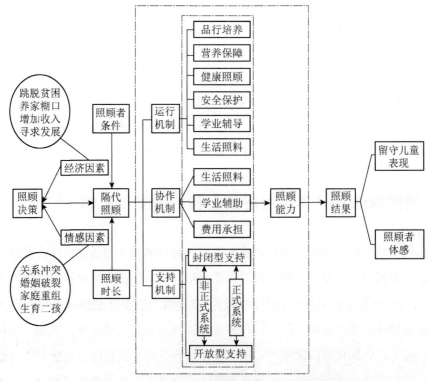

图 3-11 农村留守儿童隔代家庭照顾运行机制图

二、隔代家庭照顾决策主要受经济因素和情感因素影响

首先，从经济因素来看，将孩子交由祖辈照顾、父母外出务工是解决家庭经济问题的重要决策。由此而论，父母外出务工的主要目标一般包括：摆脱家庭贫困、维持家庭生计、提升家庭收入和寻求发展机会。如小迪家是因建设新房而欠下债务，而思雨家则因父母经商失败欠下大额债务，致使原有家庭经济条件不断变差或短时间内陷入贫困状态。再如柏杨家，因父母离异导致家庭经济压力转移到负责监护孩子的父亲这一方，因而其父亲必须外出务工以维持家计，实现"养家糊口"的基本目标。又如小炼家、小坤家，父母先是在家附近工作，但经济收入并不理想，为了提升家庭收入水平和谋求更高品质的物质生活条件而不得不外出务工。相比而言，依娜家和思会家父母外出务工主要是希望谋求更好的发展机会，如：依娜父亲在城市做油漆工艺，母亲在科技公司打工；而思会父亲在城市建筑工地开挖掘机，母亲则在城市药店上班。可见城市为这两个家庭的父母提供了更好的就业机会和职业发展空间。其次，从情感因素看，家庭关系冲突、父母婚姻破裂、父母家庭重组以及家庭生育二孩也是父母将农村留守儿童交由祖辈照顾的重要决策因素。如小萍家，起初的家庭关系冲突来源是母亲"坐月子"时患有产后抑郁症，由于母亲是外省人对周边人际环境和当地饮食不适应，加之仅是祖母在家中提供照顾，导致婆媳产生严重冲突，后又引发严重的夫妻关系冲突并最终离婚，在母亲离婚出走的情形下小萍和弟弟只得交由祖父母居家照顾。在因父母离婚或感情破裂后母亲离开家庭由祖父母或外祖父母进行隔代照顾的孩子中，他们在新的"亲子关系"中进一步被边缘化甚或被"父母双边遗忘"，而祖父母或外祖父成为接纳他们的最后港湾。如希媛和金花就是此种情况。与以上情感因素不同的是，在生育二孩的家庭中，子女照顾费用本身就会大幅增加，若将两个子女放置身边照顾则面临照顾人手不足和照顾费用难以承受的现实困境，因而采取"一城一乡"或"双子留乡"的照顾策略则是更为可行的，如小坤家是将小坤留在祖父母身边照顾，而将妹妹放在父母身边照顾。而依娜家则是将两个子女都留在祖父母身边照顾，如此不仅降低了照顾成本，也保护了手足亲情和同伴成长空间的完整性。

三、隔代家庭照顾任务与压力受儿童年龄和照顾时长因素影响

在本书中，研究者在访谈中了解了隔代家庭照顾者在照顾过程面临的压力和照顾系统的支持需要，经由研究数据的分析和归纳，发现隔代家庭照顾者在实施照顾的不同阶段会面临不同的压力并且需要应对不同的照顾主题，而这种照顾阶段及面临的相应照顾任务、照顾压力又与儿童所处的年龄段和照顾时长密切相关。依据埃里克森的生命周期理论可知，儿童在不同成长阶段面临的问题和任务会不同。相应地，我国的教育制度也根据儿童发展阶段特征和需要做出了相应的安排，如儿童年满6周岁开始上小学。这样一来，隔代家庭照顾者的照顾主题在孩子未接受教育前主要为健康照顾和营养保障，而隔代家庭照顾者的照顾压力则主要是自身照顾技巧不足和睡眠难以保障以及孩子患病紧急就医。但随着孩子步入接受教育的发展阶段，则照顾主题逐步转向学业辅导、安全看护、品行培养，而面临的主要照顾压力则是学业辅导压力、安全看护压力、品行培养压力、孩子升学压力以及经济负担压力等。从本书所做的研究来看，隔代家庭照顾者不同照顾时长面临的具体照顾主题和压力根据研究者所分的5个时期有以下几个变化特点。

（1）0—3岁照顾期。这一时期多数母亲会哺乳孩子到1岁前后才将他们交由祖辈照顾，这在一定程度上减轻了祖辈的照顾压力。但这一阶段的孩子最为脆弱，需要日常护理、陪伴和看护，这些不仅要求细致耐心而且耗时耗力，隔代家庭照顾者最为突出的压力是自身睡眠得不到保障，又特别担心孩子生病和难以将孩子照顾到位。其中，小萍在1岁多时曾生过病，祖母连续几夜都是整晚抱着她，自己则不能睡。再如欣雨出生三天后就离开母亲而进入被抱养模式，由祖母用牛奶代替母乳进行喂养。祖母回忆当年欣雨来家时正值2008年爆发冰冻灾害，天气特别冷，她特别害怕冻到欣雨，就在房间里备着一个热水袋、一个热水瓶、一个脚盆和一个奶瓶，如果饿了就随时喂奶，如果尿湿了就随时换尿布和清洗。她整天都不出家门，一直在旁照料，夜里也是随时察看，因此基本没有睡过一个好觉。

（2）3—6岁照顾期。这一时期孩子进入学龄前的幼儿园学习阶段，他们的活动范围由家庭扩展到学校及社区，这必然增加了隔代家庭照顾者的安全看护压力，特别是上学的交通安全压力。比如金花这一阶段主要由祖母每天步行接送上

下学。此外，儿童进入幼儿园的集体学习与活动环境后易发生感染性疾病。再如思雨在这一阶段生病比较多，祖父经常骑摩托车送她去镇头镇的医院看病，读小学以后生病情况就比较少了。

（3）6—9岁照顾期。这一时期孩子步入小学一至三年级阶段，他们的独立性和自我保护能力会逐年提升，身体健康状况也会趋向平稳，因而这一阶段隔代家庭照顾者的照顾重点要转向帮助孩子培养好的生活习惯和学习习惯以适应学校教育。此外，这一阶段的课程知识比较简单，因而隔代家庭照顾者一般能提供辅导。一定程度而言，这一时期的照顾压力相对要小，但孩子的安全看护和患病紧急就医仍是压力所在。

（4）9—12岁照顾期。这一时期孩子进入小学四至六年级阶段，隔代家庭照顾者普遍面临的压力就是学业辅导难以胜任。如小青爷爷谈到三年级的学习课本他还能看懂能给小青讲一讲，但自己文化有限等她年级再高一点自己就帮不上忙了。如小炼在刚学乘除法时没学好，祖母就亲自教了他一段时间，但再往后小炼祖母觉得自己辅导比较吃力就得让他参加学校的补习班。欣雨祖母只有小学文化水平，在欣雨读三年级时学习数学以及语文的同近义词时祖母还可以教她，但到四年级时就觉得教不了了。

（5）12—16岁照顾期。这一时期孩子进入青春期，由儿童成长为青少年，孩子们的自我照顾能力和独立自主意识明显提升，在生活上、学业上对家庭的依赖明显减少。因此，针对这个阶段孩子的家庭照顾，重心不在生活照顾，而在于情感陪伴和思想行为引导。特别是孩子的习惯、性格和品行培养则成为隔代家庭照顾的一个重点和难点，此外孩子升学和经济负担也成为一种压力。比如小笛进入官桥中学开始寄宿制学习后，祖父因再不能随时监督他所以特别担心他学坏。再如永琪的爷爷在永琪堂哥（14岁）进入官桥中学开始寄宿制学习后，认为孩子已进入学习和成长的关键期，担心管不好而耽误孩子成长，所以要求永琪的伯母终止外出务工而回家来亲自陪护和管教孩子。在2021年再次访谈案1小笛家时，小笛已经由留守状态的隔代照顾转变为随迁状态的母亲照顾。小笛母亲谈到自己的大儿子即将从职业中等专业学校毕业，可以期待他找到一份好工作帮助家里分担压力。为了让小笛接受更好的教育，母亲将其接到城里生活，与自己住在一起，借助外来务工人员就学政策将小笛安排在居住所在辖区内的学校读书。这一情境的变化，对于小笛的爷爷奶奶而言"如释重负"，因为他们把照顾的"接力棒"交回给了小笛的妈妈。对于这个家庭而言，只要大孙子能够顺利毕业并找到合适的工作，将明显减轻家庭的负担；如果孩子能够给予家庭相应的经济支持，则会改善家庭长期存在的经济窘迫的局面。

四、隔代家庭照顾质量受照顾者条件、照顾资源状况和照顾时长因素影响

本书认为隔代家庭照顾质量深受照顾者条件、照顾资源状况和照顾时长三个因素的影响（参见图3-12）。

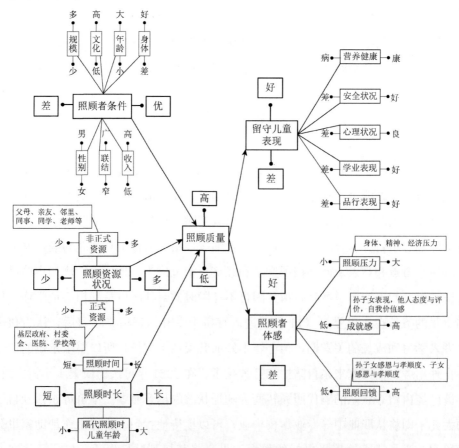

图3-12 农村留守儿童隔代家庭照顾质量示意图

首先，从隔代照顾者条件来看，他们的年龄、受教育水平、收入、性别以及资源联结能力和照顾者人数等会对隔代家庭照顾系统的功能产生重要影响。如图3-13所示，负责新果、小坤、希媛、思会、小萍、金花、依娜、小炼和小妮的日常生活照顾的隔代家庭照顾者年龄属于中低年龄阶段（即65岁以下），身体属于比较健康的状况，因而他们的照顾胜任力相对要好些，所面临的照顾压力也相对小一些。相比之下，冰冰的祖父母和柏杨的祖母年龄虽未超过65岁，但冰冰祖母在冰冰不到1岁时则中风并致使腿部残疾，其祖父则常年患有支气管炎，而柏杨祖母则常年患有高血压等病，因而在照顾上明显感到吃力，此外不仅渐失收入能力而且因常年看病用药而增加家庭开支致使经济压力增大。再如小笛祖父母欣雨祖父母和小青祖父不仅年龄趋高而且患病在身，直接制约了他们的照顾能力和增加了经济负担。

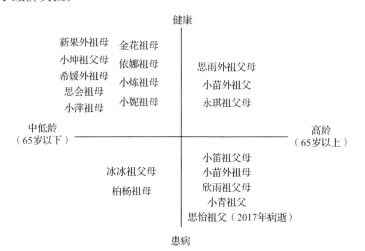

图3-13 农村留守儿童隔代家庭照顾者年龄与健康状况示意图

其次，照顾资源状况也是影响照顾质量和能力的主要因素。经研究发现，受访的每个家庭的隔代家庭照顾系统都有相应的支持系统，隔代家庭照顾者及受照顾儿童会与周围环境中的不同系统建立相应的互动关系从而形成有利于照顾系统维持和运行的支持性网络，并从这些支持网络中吸纳和使用资源及能量。诚如前文所述，隔代家庭照顾的支持主要来自在外务工的父母，家庭和家庭成员的亲戚和朋友，以及邻里、老师、同学等非正式资源网络。其中，对于隔代家庭照顾者而言，父母的经济支持、亲属的照顾协助、邻里的照顾相助尤为重要。如希媛家和冰冰家因父母双方未提供相应的经济支持，致使隔代家庭照顾者面临严重的经济压力，并且长时间处于经济贫困的生活状态。再如冰冰的祖父母因"子不成器"而成"父之过"之内愧和自惭，担心邻里"看不起"和"不愿意帮"而极少向邻里寻求经济援助和其他支持，致使他们面临临时患病和孩子上学需要经济支持时非常被动。相反，希媛家则充分利用邻里网络来应对"用钱"方面的不时之需。对于受隔代家庭照顾的孩子而言，他们能否获得来自父母的亲情关爱，尤其是来自母亲的关爱，对他们的成长产生关键性影响。不无遗憾的是，本书中的小青、柏杨、金花、冰冰因母亲离婚后"断失联系"而长期遭受"母爱剥夺"。另外思怡、小萍、欣雨所获来自母亲或养母的情感关爱十分微弱。从另一个角度而言，幸运的是这些孩子不同程度地获得了来自同学、老师和亲友的相关支持，一定程度上对"父爱"和"母爱"的缺位有所弥补。

除获得非正式资源提供的相应支持外，隔代家庭照顾系统还会从小区（村委会）、学校、医院、基层政府等正式支持网络获得资源。比如隔代家庭照顾者年满60岁者可获得政府发放的养老金，所有孩子可以免费享受疫苗接种服务。此外，小笛被纳入最低生活保障范围，每月获得政府提供的270元生活补贴；冰冰和希媛以及小青等因为家庭经济贫困，学校在收取学杂费和培训费等时对其提供了相应的缓交、减免等支持。

再次，照顾时长也是影响隔代家庭照顾质量的重要因素。从本书中的研究可以看到，冰冰和欣雨的隔代家庭照顾几乎持续了其整个儿童期，因而在营养方面因缺乏母乳喂养而存在"先天不足"，这给营养保障和健康照顾带来了巨大的压力和挑战。如冰冰自出生后至5岁期间长期生病。相比而言，柏杨、希媛、思雨、永琪、金花和思会基本上是经由母亲照顾至母乳期（8个月至1岁居多）结束后交由祖辈照顾，由此这些孩子的前期营养得到较好的保障，他们的生命力和身体抵抗力得到有效提升，因而隔代家庭照顾者在营养保障和健康照顾方面面临的压力和问题相对要少。再如小妮、小炼、小坤是在出生后由父母共同照顾较长时间后才交由祖父母照顾的，这阶段所建立的紧密的亲子关系和依恋关系，为小妮和小炼、小坤在后续的隔代家庭照顾中仍然与父母保持紧密的远程联系和情感互动提供了坚实基础，因而隔代家庭照顾者对于孩子的心理健康的照顾压力比较小。

第六节 农村留守儿童隔代家庭照顾结果影响分析

隔代家庭照顾是一种双向照顾和支持的活动，祖辈为孙辈的成长提供照顾和支持，而孙辈也会反哺式地为祖辈提供照顾和支持。因此在分析隔代家庭照顾的影响时，必然需要从隔代照顾者—受照顾儿童双重视角来探讨。儿童具有天然的脆弱性和依赖性，因而他们在年幼时需要成年人的保护和照顾，但随着逐渐成长和成熟，他们又会对他们的照顾者提供反哺式的照顾和支持。此外，隔代家庭照顾也会对家庭产生相应的影响和作用。因此，研究者从受隔代家庭照顾儿童、隔代家庭照顾者和家庭三个维度来探讨隔代家庭照顾的影响。

一、隔代家庭照顾对受照顾儿童的影响：喜中有忧

本书中的研究在调研 18 户农村留守儿童隔代照顾家庭时，通过访谈和观察收集了隔代家庭照顾者在面向受照顾儿童的心理健康、学业表现、营养健康等六个方面的照顾方法和照顾状况的资料，分析总结出以下几点。

（一）心理健康状况：家庭结构完整型儿童心理状况相对健康，家庭结构破损型儿童多缺失关爱

从本书收集的 18 户家庭个案资料中可以看到，留守儿童与父母间的亲子关系受到两个因素的影响，一个是父母外出务工期间亲子互动的频次和方式，另一个是父母的婚姻和感情状况。对于存在父母离异或父母感情冲突的家庭而言，留守儿童将丧失父母一方乃至双方的关爱和联系，这必然会对他们的情感和心理产生影响乃至创伤。对于父母在婚且关系融洽的家庭而言，如果父母给予的关爱和

联系紧密及持续，则对留守儿童的情感和心理产生的负面影响会比较小甚至无负面影响。

1. 父辈双亲支持型祖辈双亲照顾模式下的留守儿童的心理问题较少

本书所选取的18户家庭中，案3、案4、案5、案8、案12、案13、案14、案18的儿童照顾属于父辈双亲支持型祖辈双亲照顾模式，经由访谈和资料分析发现这种照顾模式下的孩子不仅能在祖辈双亲的共同照顾下接收来自祖辈双亲的关爱，也能够通过电话视频交流和亲子团聚出游方式接收父辈双亲的关爱，因而这些儿童一般不会出现心理问题。在这种完整的主干隔代家庭照顾家庭系统中，儿童照顾和父母外出务工是家庭的共同目标和行动策略，因而儿童照顾往往是凝聚和团结祖辈和父辈情感及行动的重要纽带。在这种照顾模式下，留守儿童虽然会因为亲子在时空上的分离而缺少嵌套在日常生活照顾中的父母关爱，但能通过日常的电话视频联系以及定期的亲子团聚出游而保持亲子情感互动和心理依恋。同时，留守儿童还可以得到祖辈双亲在日常生活中的关爱，相比于核心家庭的儿童，他们还能较多地体验到来自祖辈的亲情关爱，所获得的亲情关爱显得更为多元和广泛。当然，在这种两代双亲照顾模式下，如果父辈双亲间或祖辈双亲间存在关系冲突，也会影响到儿童的心理状态。比如案18中，孩子父母因经商失败而经常发生争吵，这使得孩子产生了来自父母关系冲突的心理压力。

"……小孩的妈妈还是想把小孩放到自己的身边带着，就是担心长时间没在身边，小孩对自己陌生……一般就是用手机视频聊天，两三天就视频一次。到暑假的时候，她（孙女）妈妈就会接两个小孩去杭州，待上一个暑假的时间，让他们在那里一起玩儿，一起共享亲子时光……"（案3）

"……虽说经常是爷爷奶奶带着，但是对于爸爸妈妈还是要更亲一些。爸爸妈妈回来就特别高兴，就对他们总是有话讲，讲个不停……她们（大孙女和小孙女）跟我们（祖父母）的感情那还是好，还特别好，她们一回家一会没看见奶奶，就会开始喊……"（案5）

"……那小孩跟我们（父母）的关系还是亲密的。你要说的话，平时的联系就是打电话。打电话说一下话，视频聊一下天。有时候回来了就带他去玩一下啊！每年7到8月份放假的时候，好多像我们这样的父母就会把孩子接到自己身边……"（案8）

"……那和我们都很亲近，最亲近的就是她爸妈。他们（父母）一个月要回来两三次。每次晚上回来，周末带她出去玩。反正到浏阳也不远，他们也有车子回来。她自己也清楚。像对我，她也知道奶奶对她好……"（案12）

"……第一个，是因为家庭压力，家里负了债。总是觉得，不会读不得了！会读也不得了！不会读就在家里生活，会读就要让她深造。她也有心理压力啊，别看她这么小，她也懂事咧！再一个，因为她父母性格不合也有压力。她父母性格不合也是多种原因产生的，人都是因为经济闹矛盾，他们（女儿女婿）两个人经济失败后就闹矛盾了……"（案18）

2. 父辈单亲支持型和无支持型的隔代家庭照顾模式下的留守儿童的心理状况令人担忧，儿童对父母的依恋比较松散

在资料分析中能够看到，离异家庭的孩子照顾归属有三种类型：（1）归属父亲照顾，如案2中，孩子在父母离婚后均由父亲抚养，而母亲离婚后离开家庭不再承担照顾责任。（2）归属母亲照顾，如案7中，父母感情破裂后，孩子由母亲带着回到外祖父家，此后孩子的照顾由母亲和外祖父母共同负责，同时母亲在外祖父母家附近打工挣钱养家。（3）父母无照顾，如案9中，孩子父母在她出生不久后出现严重感情破裂和家庭暴力，随后其父母相继离开家庭，母亲从此断失联系，而父亲则长期漂泊在外不归家也很少提供家庭支持。在这种情形下，孩子完全由祖父母进行照顾。当研究者问及父母与孩子如何保持联系时，其祖父母均表示孙女没有见过妈妈所以也不想妈妈，而孩子本人也表示她平时不会想妈妈。如案10中，孩子出生后就随同母亲被父亲一方赶回外祖父母家，在其1岁时母亲外出务工并在外地结婚安家。因此孩子主要由外祖父母一手带大，父亲离外祖父母家虽较近但只是偶尔来探望她一下，而母亲外嫁后主要以电话联络却极少回家探望。从研究者的实地观察和研究参与者的叙述来看，在以上的家庭照顾模式中孩子会在不同程度上缺失父母一方或双方的关爱和照顾，因而心理上会产生一些负向影响。

"……他们回来时大的（孙女）跟爸爸睡，但不跟妈妈睡，她和妈妈没有感情……我这辈子就是这个东西伤心了，这个小孩子，吃的穿的都有，就是没有这个妈妈，就没有母爱啊，奶奶再好也……"（案2）

"……我现在问她想不想去找妈妈,她总是说'我不想'。因为她妈妈没来看过他,从离了婚就没来看……大了就有一点自卑了,有时候学校有人就笑她没妈妈……我要她不要去自卑,她就是觉得自己有点自卑……"(案6)

"……她没看过妈妈。爸爸有时候打电话才接个电话,然后就没有回应了。她一接电话就问'爸爸你还不回来啊',他就说'就回来就回来',就这两句话没其他的言语……"(案9)

"……她基本上性格也好,最大问题就是不喊陌生人……"(案10)

"……她平时会打(电话)给爸爸,但是不打给妈妈,要她打她也不打。她说妈妈不打电话给我,我打给她干什么呀?!……我儿媳没带她,孙女对儿媳妇的感情不太好,对儿子的感情还比较好。我总是骂我儿子他们,我儿子还是打了几个电话回来给孙女,我儿媳妇是不打电话回来的。她(儿媳妇)回来呢,吃完饭就往房间里走,不怎么和她(孙女)说话。……她看到了其他小朋友都是父母带着的,她却一直是我们带着,她好几次提出了心中的疑问:'奶奶,我是不是不是我妈妈亲生的?我觉得好像我不是我妈妈亲生的,妈妈不是我的亲生妈妈?'……"(案11)

"……他和其他小朋友一起玩的时候,比如,跟我哥哥的孩子在一起,我们对他还是一样对待的,但他还是没有他们那么活泼,就是感觉他有点拘束,特别拘束的感觉……他还是会想到自己是没有妈妈的,别人有妈妈在身边胆子就大些。他要是有妈妈在身边,就会好一点。他爸爸妈妈不在身边,和他们接触得少,像他爸爸一年就过年才回来一次。我觉得他心理还是有点阴影……"(案15)

(二)学业表现状况:多数隔代家庭照顾者重视孙辈的学习,孙辈的学习情况总体表现较好,但不同隔代家庭照顾模式下的孩子学业表现存在一定差异

从资料分析来看,在留守儿童学业方面有这样两个特点。一是如果祖辈和父辈共同为孩子提供符合其需要的学业支持和学习环境,则其学业表现会比较好;二是如果隔代家庭照顾者能够帮助孙辈培养良好的学习习惯和提供适切的精神鼓励,孩子的学业表现也会比较好。值得欣喜的是,受访的18户家庭的隔代家庭照顾者均表现出对孙辈学习的重视态度,期待他们能够有良好的学业表现,有机会"上好大学"和接受高层次教育成为社会有用之才。虽然 18 户家庭中受隔代家庭照顾儿童的学业表现总体不错，但他们的学业成绩表现却出现了两种差异现象。第一种差异是同一家庭的孩子间存在学业表现差异，如案 1 中小孙子的学习成绩比大孙子的要好很多；案 5 中小孙女的学习成绩要比大孙女的好；案 11 中大孙女的学习成绩要比小孙女（收养的孙女）的更好；案 13 中大孙子（二儿子家所生）的学习成绩比二孙子（三儿子家所生）的要好。第二种差异是少数留守儿童在朋辈群体中有更突出的学业表现。如案 1 中的小孙子、案 3 中的孙女、案 4 中的孙子、案 5 中的小孙女、案 6 中的孙女、案 7 中的外孙女、案 10 中的外孙女和案 17 中的孙女，他们的学习成绩均名列前茅。

1. 父辈祖辈共同支持型学业辅导对孩子学业成长有促进作用

从研究资料来看，父辈祖辈共同在留守儿童学习上提供适当的支持和辅导，能够促进孩子的学业表现。如案 3 中，虽然孩子的祖母不识字无法给孙女提供直接的学业辅导，但她每天会督促孙女完成作业。同时，孩子的母亲对其学业也很重视，并亲自主抓孩子自幼儿园以来的学习。为了便于在学习上提供及时的指导，母亲为孩子准备了一部只有连接网络功能的旧手机，家里开通了 Wi-Fi 网络，因而在孩子遇到学习上的困难或不会解答的题目时，就可以随时通过网络查询解决或通过微信视频向母亲寻求指导和帮助。从祖母的访谈叙述中可以知道孙女不仅长期学业成绩名列班级前三，而且还一直在坚持参加学校和镇上的艺术辅导班，在跳舞、画画和二胡方面的才艺学习也表现非常好。

"……我家这个大的（孙女）遇到不会做的作业就会打电话问她妈妈。我呢！年纪大了，视力也不太好，也没什么文化。在学习上，就是每天监督她做作业。有时候家长要签字，因为爸爸妈妈不在家，所以我就会代替他们签字……"（案 3）

"……作业完全靠我侄女自己自觉，她自己就会主动把作业做好。她妈妈给她准备了一部旧手机，遇到不会的题目需要问的话就会微信视频跟她妈妈说……学习成绩还好，一般都在前三名……"（案 3）

2. 祖辈参与型学业辅导对孩子学业进步有促进作用

从研究资料来看，案 4、案 5 和案 11 中的祖母以及案 17 中的祖父都接受过小学教育因而有一定的文化基础，他们在孙辈的学习和教育过程中扮演了重要的辅导和支持角色，常能在孙辈上幼儿园到小学三年级阶段提供直接的学习辅导，这在一定程度上对孩子学习能力的提升起到了促进作用。更为重要的是，这些隔代家庭照顾者在直接辅导孙辈学习的过程中，不仅起到了指导、陪伴和支持的作用，而且能够帮助孩子培养良好的学习习惯和树立正向的学习目标，激发积极的学习动机。

"……小学知识我们还是知道一些。去年有一回数学考试，听到别人说老师说他考试不理想。我就问他：'你什么没考好？'他说：'数学没考好。'后来我帮他看看怎么没考好，然后知道他的除法乘法没算对，所以没考好。后来我陪他一块儿做，做对为止。知道后，就考得好了。其实是他在学校没认真听，没认真学，所以没学懂。后来我亲自教了一段时间，成绩又上来了……"（案4）

"……我们知道一些，还是会教一教她们。但如果不知道的话，她们会问老师，有一次数学她（小孙女）不知道做来问我，我刚好不知道，我对她讲奶奶也没读什么书，我也不会，你去问你数学老师吧……小孙女的成绩特别好，是班上的第一名，大的成绩就一般，考试就差一点点，这学期没有拿到三好学生，没有得奖……"（案5）

"……等到她老师教她除法算式，她就回来跟我说'奶奶，你教的是对的'，到读三年级时，语文要学习的古诗词、反义词、近义词，我都还能教她……"（案11）

"……之前老师说她数学有点差，如今小学的数学我还搞得清楚，我就告诉她……我鼓励她从小要把英语、数学基础巩固好，以后读初中、读高中有这个数学和英语基础就能够学好些，她也是听我讲的。有时候我到街上去了，看到别人买什么（学习资料）我也跟着买点。比如买这个作文书，我就跟她讲'我买给你，那你要好好看、好好写，放两三天假你要给我写出一篇作文，比如今天爷爷带你去赶集，能不能写出一篇作文'？就这样去激发她、引导她……"（案17）

（三）营养健康照顾状况：各类照顾模式中的隔代家庭照顾者都十分重视孙辈的营养均衡，受照顾儿童的营养状况都比较乐观

隔代家庭照顾者在促进农村留守儿童营养均衡上的共同措施是让儿童按时足量地吃饭，多吃蔬菜、鸡蛋和肉类。相比之下，可以看到"挑食"是农村留守儿

童营养保障方面面临的一个难题，隔代家庭照顾者多根据孩子的想法和需要，变换菜品和口味，积极调动孩子的食欲和调整他们的饮食习惯。从研究资料来看，隔代家庭照顾者在孙辈的营养照顾方面可谓尽心尽力，采取各种方法和手段保证孩子在营养方面的均衡和充足，并十分注重根据孩子需要和家庭条件建立最适切的营养供给方式。"挑食"可能是包括留守儿童在内的所有孩子在某个成长阶段出现的共有现象，但可以看到留守儿童的隔代家庭照顾者在处理孙辈"挑食"问题上的用心和智慧。

"……不会吃（胃口不好），挑食，那总之这样那样吃的菜不合适。问她要吃什么起身就又去做，生怕她没吃好。小时候，端着饭碗追着她吃饭要转一个圆圈，还只能喂一点。牛奶也只喝得一点，三四十毫升可以喝一上午，等到中午就又倒掉了……每餐让她尽量去吃饭，不管怎么样都要吃一点点。硬是没吃，都要想办法搞点东西给她吃，还要问她有没有哪里不舒服。她就是吃东西容易上火，所以上火的零食就让她少吃，酸的她不怎么吃，橘子还有葡萄也不怎么吃……不吃的问题现在就好些了，还是要合口味，不合口味不吃，合口味就能吃上一碗……"（案6）

"……她有个不好的习惯就是挑食，只能想尽办法让她多吃点。营养健康我们是要做好的。她这个挑食，什么健胃消食片，什么葡萄糖酸钙都给她吃过，也没什么用……"（案7）

"……她不吃肉，吃些喜欢吃的蔬菜。没有的话，我就从街上买回来给她吃，反正肉她只吃瘦肉，一般荤菜不怎么吃。那也没什么影响，就是（身体）瘦瘦的。我们每年逢年过节或八月的时候就会搞来牛骨，煮点汤给她喝，所以她矮还算不矮。那个骨头汤有营养，吃了可以长高。她身体也就没什么问题，这一年到头连感冒都很少……"（案10）

"……生下来一直喝牛奶喝到1岁多，牛奶加米粉。自家母鸡生的蛋，用米汤混合在一起，喂给她吃。一直到她上小学，我们都这样喂她吃。如今，她看到冲蛋，就不要了。吃到6岁，一天一个。我们还经常杀鸡给她吃。她想吃什么，我们都会尽量满足她。吃饭呢，早上不是吃饺子就是吃面，要不就是蛋炒饭，反正早上先问她要吃什么，她想吃什么，我就做什么……"（案11）

"……饮食方面，早上一杯牛奶和蛋。我还是注意让她吃好，要为她成长着想。每餐吃饭要让她吃一碗饭,每天吃一个土鸡蛋。给她搞排骨汤、肉汤等,今天吃这样,明天吃那样。我也带她去街上买点吃的,买点新鲜肉……"(案12)

表3-3 部分农村留守儿童营养保障状况

受访对象	进食与营养状况	营养保障措施	健康状况
小妮	挑食	每天都做鸡蛋,蛋炒饭给她吃	平时会感冒,身体比较好,因淋巴炎住过一次医院
金花	挑食 身体差	每餐想着法子做她想吃的菜,让她吃饭,不让她吃易上火的零食	1岁到5岁感冒比较多,但没得过大病,近3年多感冒都很少
小苗	挑食	让她多吃蔬菜 服用健胃消食片、葡萄糖酸钙等药物调理	身体比较好,偶尔会感冒
冰冰	3个月时因妈妈离家出走中断母乳喂养	断乳后一直让她喝羊奶到1岁半	经常生病,直到前年才基本好
希媛	瘦弱	逢年过节时做牛骨髓给她吃,每周做粉丝萝卜肉汤	身体健康,发育良好,每年感冒很少
欣雨	出生3天后就被抱养到奶奶家	一直喝牛奶到1岁多,用土鸡蛋和米汤混合给她吃到6岁,按照她的想法做饭菜让她吃饱,每天早餐吃饺子、面或蛋炒饭,晚餐会做小炒肉给她	身体一直很少生病,只去过一次医院
思会	不挑食	早上一杯牛奶,一个土鸡蛋,不断变换菜样提高她的食欲,平时会为她做排骨汤、肉汤	感冒都很少,基本没得过病
柏杨	口味好,不挑食	让他多吃青菜,米汤拌菜饭,每餐要让他吃饱	一般只有感冒、咳嗽之类的毛病,基本没什么其他病痛
小青	不挑食	每天让她多吃青菜,每天三餐按时给她做饭	身体比较好,较少生病

（四）健康照顾状况：各类照顾模式中的隔代家庭照顾者均重视孙辈的疾病预防与治疗，受照顾儿童的健康状况总体较好

从资料分析来看，隔代家庭照顾者都十分重视孙辈的健康照顾，主要采取强化平时预防和做好病时治疗两个策略来保障孙辈的健康。在平时预防中，隔代家庭照顾者比较重视孙辈的卫生习惯培养（如案12）和营养均衡保障，也特别重视咨询医护人员加强疾病防控（如案6），另外就是采用土单方或自备药物来进行疾病预防和初期治疗（如案5和案10）。在孙辈生病时，隔代家庭照顾者多采取及时到村卫生服务中心或镇医院寻求医生的治疗。从隔代家庭照顾者在访谈中的叙述来看，他们特别重视孙辈的健康，也特别害怕孩子生病。因为在他们看来，孩子是否健康和安全，是评价他们是否"把孩子带好"的照顾目标的最基本评判指标，这涉及隔代家庭照顾者能否向委托他们照顾孩子的父母做出很好的"交代"。另外，孩子生病送医对于缺少照顾人手、交通工具和不熟悉医院看病程序的隔代家庭照顾者而言是一个很大的挑战，因而加强孩子平时的健康照顾和疾病预防，是隔代家庭照顾者化解"送孩子去医院看病"风险的重要策略（如案3）。

"……上次淋巴结发炎去医院住院住了几天。有时候有一点感冒，我在家里也是选择去医院看，一个人在家里担心，尤其是晚上发烧，我的眼睛视力又不太好，温度计都看不太清楚，所以一般我都会选择带到医院里去看……"（案3）

"……病得少，一年到头感冒也少。像在热天里，就会担心他鼻子总是有点出血，我们就每天煎凉茶给他喝……"（案4）

"……没什么病痛，大的现在都没怎么感冒过，小的就有时候生病发烧。就经常弄一弄凉茶给她们喝，防一防。那边有个老师讲每个月要喝凉茶，他喝到60岁，每个月都要喝，这是他从经验教训中得到的方法。要经常清热解毒……"（案5）

"……药店、医院我都去问，问医生要买些什么东西给她吃。有时候也给她吃健胃消食片、'红桃k'，还有用驴膏冲蛋给她吃。她以前身体差，那些东西吃了有效，一次吃一点点，不吃多，她现在身体也没什么病痛，就是瘦一点。到现在这么大，只要看到她不怎么吃饭，就问她是不是发烧，她自己也会知道有点发烧，就赶紧拿药给她吃，过了几天自然就好了……"（案6）

"……夏天的话,这是我的看法,我就扯一点鱼腥草,把它晒干,然后天天就可以煮一些,看着她喝两杯。然后就把热毒排出去了,就不会感冒了。我们就喝一个夏天,两三年都是这样……"(案10)

"……我就特别重视,女生不比男生,洗洗刷刷都需要搞干净。像头发天天要给她洗,这夏天天天洗,冬天里两天洗一次。卫生最主要的方面是勤洗、吃东西注意。另外,小孩的衣服单独洗,先洗。发现咳嗽,就及时喂药给她吃。也没有其他的方法了……"(案12)

"……预防,平时定期给他吃他父母买的抗病毒口服液、健胃消食片、小儿扶脾颗粒、板蓝根等。现在洗澡什么的就搞这个十滴水,泡在里面洗,每天洗……"(案13)

"……7月7日那天,他在家里玩居然吃了蚊香,然后就呼吸不畅。我们赶紧把他送到镇头医院,在镇头检查,又送到浏阳,在浏阳又检查。我是急得钱抓在手里都掉了。然后我儿子把他送到浏阳市人民医院,后来转到湖南省儿童医院。一检查,说他的肺有点问题。一晚上都把机器连着。第二天,他爸爸妈妈都赶到省儿童医院。医院急诊诊断是肺炎……"(案13)

"……上回他做了割包皮手术,穿着一条裙子中午睡觉起来,满身都是包。当时就给他涂了花露水,然后傍晚带他到浪江桥(卫生室)看了医生,医生讲这是风坨,就配了一些药吃了。回来后我们用凉茶给他洗澡。什么鱼腥草啊,七七八八的东西反正都是做凉茶的料,煎两道凉茶洗了澡,身上反复地洗,洗了两个澡,就好了……"(案13)

"……他一直就是这样,反正也没别的病痛。只要是感冒了我就马上去配点药给他吃,尽量不让它发展成大病,避免要住医院。因为我家也没其他人在家里,老头子也死了,就我带着他,赶紧带他去治好。我一个婆婆子去求别人我也不想啊,毕竟是个人情账,最好的方法就是早点预防……"(案15)

(五)安全看护状况:各类照顾模式中的隔代家庭照顾者均重视孙辈的安全看护,多数受照顾儿童未见发生明显安全风险和意外伤害事故

从资料分析来看,隔代家庭照顾者主要通过安全教育和加强看护来保障孙辈的安全。在孙辈安全看护和日常照顾分工上的差异与隔代家庭照顾者年龄相关。

对于祖辈双亲年龄较小的家庭而言，多数家庭会出现照顾分工现象，一般而言，祖辈女性（祖母或外祖母）主要负责孙辈的日常生活照料和教育，而祖辈男性（祖父或外祖父）则主要负责外出务工或务农操持以谋求家庭经济收入，一定程度上仍然保持了"男主外，女主内"的农村家庭传统角色分工模式。对于祖辈双亲年龄较大的家庭而言，祖辈双亲可能都退出了劳动力市场，因而在孩子的日常照顾中多是双方共同参与。由此可以看到，在孙辈日常生活中由祖辈单方照顾时，因照顾和看护人力不足更易发生安全风险，尤其是当一个隔代家庭照顾者同时要照顾两个乃至多个孩子时，照顾和看护不到位的可能性就越高，因而存在安全风险和照顾忽视的可能性就越可能高一些。

如案3中，祖母一人要照顾两个孩子，所以在照顾过程中常出现"顾此失彼"的现象，以至于孙子多次因照顾不到位而面临受伤风险。2018年6月，远嫁山西的女儿又带着外孙来到这边准备创业，这意味着当女儿白天到镇上上班时，祖母则面临要同时照顾3个孩子的重任。再如案12中的孙女和案4中的孙子，由于祖父常年在外务工因而他们主要由祖母照顾。但是祖母在照顾他们的同时还要承担家务和农务，所以常会出现祖母外出务农和在家做家务时将他们留在家中独处的现象。再如案16，在单独照顾孙女近9年的祖父于2017年病逝后，孙女有半年时间寄居在叔祖母家，在这段时间里叔祖母一人需要同时照顾她和自己的孙子。当思怡结束寄居生活转由单亲父亲照顾后，则又面临父亲白天要到镇上务工上班的情境，因而她在不上学时常需要独自留守在家，自行照顾自己的生活和安全。以上案例所给予的警示是：当隔代家庭照顾者人手不足又要照顾多个（外）孙子女时，或者隔代家庭照顾者需要同时兼顾农务、家务和（外）孙子女照顾时，再或者隔代家庭照顾者照顾能力不足时，都可能导致（外）孙子女的照顾和看护出现"无人负责"或"自我负责"的片刻或时段，从而无形中增加了孩子遭受意外和伤害的风险。

"……我们在家要做点事，有时还出去打点工。有时我们要出去，就想让他自己骑单车（去上学）。我们每天便要送和接。其实这么小一个孩子走路，路上车子多，确实让人担心。我们只有少做些事，有时间便去接他……有时候实在有事，就要他自己（从学校）走回来，交代他要走路边上……"（案4）

"……去同学家里玩，会交代她不要走太远。过一会我就会去叫一下她，看她还在那没，因为之前她和别人去过很远的地方，去过几次。我们就吓唬她，说要打她，主要是怕她丢了啊……不让她骑车，怕她摔倒。还有不让她去玩水，我们这边有渠道和井，不让她去外面喝水，不让她喝生水，怕她中毒啊！……"（案6）

"……横穿马路注意安全啊，离车子要隔远些，要赶紧跑过去不能慢慢走，就这样教她……让她不要玩水啊，不跟陌生人说话，不跟陌生人走啊，都有跟她说。我是这样教她，别人喊你坐摩托车、吃东西，都不要去……"（案9）

"……我交代她少带男孩子到家里来。我家大女儿生了个儿子13岁了，我都不会让他们两个人单独在家。那三五岁就不要紧，我就只有整天陪着他们，不到其他地方去，因为怕他们都没分寸。我在教育方面算有点严格啊，还有点打人啊……"（案10）

"……7月7日那天，他在家里玩居然吃了蚊香，然后就呼吸不畅。我们赶紧把他送到镇头医院……"（案13）

"……因为别人家里都是爸爸妈妈或者是爷爷在家里，像我们这个情况是最那个（艰难）的。我妈妈也骑不了车子，接也只能走路去接我侄子，所以他骑单车就摔过两次了……"（案15）

"……安全上呢，一个就是每天去学校几乎都是我送，每天都用摩托车送过去。基本是保障自身安全，那要是身边有车子经过，我干脆就停在旁边，让车子过去我再走。再一个放学回来以后，就允许她在本地方去玩一下，但要和我们说一声你到谁家里去了，什么时候回……"（案18）

（六）性教育状况：留守儿童的性教育主要通过学校获得，多数隔代家庭照顾者缺乏儿童性教育意识和技巧

性教育是儿童期社会化的一项重要内容。2010年，世界卫生组织发表《欧洲性教育标准》，认为性教育包括身体器官、性别认同等知识性知识以及人际交往、社会规范、情绪管理等技能性和情感性知识共计20项内容。从调研情况来看，18户家庭的隔代家庭照顾者并未明确对所照顾的（外）孙子女进行性教育，但也有一些不同形式的引导和教育措施。比如所照顾的为女童的家庭，隔代家庭照顾者会比较关注她们的性安全，引导女童注意与异性同伴保持一定距离。比如案10希媛的外婆，她会引导外孙女尽量不与男孩子单独接触。她提到近两年希

媛的表哥（大女儿的儿子，比希媛大两岁）每次来家里玩时，她都整天陪在他们身边，以免孩子间不懂事发生"错事"。在性教育方面，存在两个方面的现实困境：一方面是隔代家庭照顾者普遍缺乏性教育意识和技能；另一方面是异性照顾者受传统性别文化影响也比较难选择合适的教育方式。案17小青在妈妈离婚离家以及奶奶病故后，常年和爷爷生活在一起。爷爷为了便于照顾，将小青的床安置在同一房间中，直到小青10岁以后才让她单独睡一个房间。爷爷坦言自己缺少性教育方面的知识，也不便和孙女谈论两性间的议题。他认为孩子可以通过手机网络和学校老师接触到相关的知识和教育。研究者于2021年11月在中学与案6金花访谈时，金花谈到自己班上有一个女同学正处于辍学阶段。她说这个女同学在2021年中秋节的时候伙同其他班级的3个女同学对隔壁班的一位女同学进行欺凌，那件事情发生在官桥镇上的一家奶茶店，并惊动了派出所和学校。这个女同学后来被学校给予严重警告处分。她说这个女同学在初一的时候就已经结交了男朋友，初二的时候又结交了新男朋友。她听同学说这位女同学和前任及现任男朋友都会定期见面开房同宿。

"……异性交往方面我还是看得紧的，也担心孩子大一点出现早恋的问题。我家外孙每次来家里玩，我都是陪着他们的，不敢出去做事，主要是怕孩子不懂事，发生什么不应该的事……"（案10）

"……女孩子方面的事情，我也不知道该如何教她，只是告诉她一定要当心坏人，别人给的东西不吃，不跟别人乱走。不过，现在的孩子应该比较早熟，他们可以通过网上了解很多男女方面的事情……"（案17）

二、隔代家庭照顾对照顾者的影响：苦中有乐

隔代家庭照顾者在面向孙辈提供照顾的过程中既需要提供物质支持、生活照料，还需要提供情感关爱，因而就照顾活动本身而言既是一项体力性活动，也是一项精神性活动。因此，对隔代家庭照顾者的影响会在身体层面和精神层面同时展现。从研究资料分析来看，对隔代家庭照顾者的影响具体体现在四个层面：（1）对隔代家庭照顾者价值感的影响。多数隔代家庭照顾者将隔代照顾视为一种

家庭责任和祖辈义务,因而在承担隔代家庭照顾过程中表现出强烈的责任感和认同感。此外,隔代家庭照顾者能从中获得自我价值体现并感受到充实与快乐。(2)对隔代家庭照顾者身体健康的影响。年迈体衰或体弱患病的隔代家庭照顾者易感受到体力不支的问题,而年轻体健的隔代家庭照顾者则在体力方面的照顾胜任感比较好。另外,多数隔代家庭照顾者表示在照顾婴幼儿期儿童的过程中睡眠受到极大的影响。(3)对隔代家庭照顾者的精神压力的影响。多数隔代家庭照顾者认为在家庭照顾中承受着巨大的精神压力,其压力主要是担心(外)孙子女出现安全风险、品行学坏和学业不良等问题。也有不少隔代家庭照顾者从照顾(外)孙子女的过程中体验到自身的价值,获得晚年生活的充实感,以及(外)孙子女的情感理解和精神反馈。(4)对隔代家庭照顾者的经济状况的影响。隔代家庭照顾者在照顾(外)孙子女的过程中需要花费大量的时间和精力,因而社会参与特别是经济参与的机会显著减少,这必然会减少隔代家庭照顾者的就业机会和收入。同时,(外)孙子女的照顾需要投入大量经济成本,因而会增加隔代家庭照顾者的经济压力甚至导致其陷入经济贫困状态。

(一)对隔代家庭照顾者价值感的影响:自担家庭责任与代际义务

祖辈承担孙辈的照顾责任背后是有一定的价值取向和动机支持的。从资料分析来看,隔代家庭照顾者多认为自身是在承担家庭责任和履行祖辈义务,或者将照顾孙辈视为一种持久不变的社会规范,而不是将它视为一种理性投资行为或社会交换行为。一些隔代家庭照顾者谈及照顾孙辈丰富了他们的晚年生活,并在与孙辈的情感互动和照顾反馈中获得了满足感和幸福感。

"……对爷爷奶奶感情有蛮好啊!奶奶如果出去做事,就等着她回来。爷爷病得厉害一点就马上打电话给他妈妈。我们出去的话就一直等着我们回来……"(案1)

"……两个人有说有笑,有话说这还是好些,一个人就觉得孤独,有小孩子就热闹些……"(案6)

"……好像还充实了我自己,让我每天有事做啊。吃了饭后,天天首先就送小孩去上学啊。到了傍晚啊,我又去把小孩接回来。好像这生活还充实一点……"(案8)

"……再一个呢！我活到这么大了，下面有几个孙子女，我也有点骄傲。带大的儿子，如果他没成家，就没有孙子女。那样随你多好的家庭我也觉得没味。再辛苦，身边有几个孙子女在我旁边喊我'奶奶'，我觉得都值了……"（案 11）

"……那我吃饭时如果噎着了，呛得咳嗽，她会过来帮我捶背，送茶给我喝。要是有什么痛痒，如我之前工作时伤到了脚，养伤养了两个多月，那她关照我蛮多的。那我照顾了她这么久也是值得的……"（案 11）

"……带个小孩，热闹些，带在身边，有时候也很开心……也有味，带孩子，开心的日子多。她每次都说，家里的是奶奶家，浏阳的是她妈妈家。也有味，带孩子，开心的日子多……"（案 12）

"……我啊，从现在来说呢，我女儿虽然嫁出去了，我认为带了她（外孙女），还是有一定的乐趣。这个孩子咧，还是算懂事，学习都比较让我们满意，在班上是数一数二的……"（案 18）

（二）对隔代家庭照顾者的身体健康影响：睡眠和身体健康受影响

从资料分析来看，首先，隔代家庭照顾者反映最为普遍的健康影响就是睡眠时间不足。儿童处于婴幼儿时期时独立和自理能力十分薄弱，主要依赖成人的长时间照顾。因而，隔代家庭照顾者所照顾的儿童年龄越小，则其需要为他们提供的生活照料和卫生护理的频次越高、时间越长，这种在时间上呈切割式和碎片化的照顾服务会严重剥削隔代家庭照顾者的睡眠和休息时间。其次，对于患病在身的隔代家庭照顾者而言，如果没有相应的人员提供照顾喘息支持，则会挤占他们的看病、治疗和康复的时间和机会，从而对他们的身体和病情产生负向影响。

"……从带小孩开始，晚上就没睡过一个好觉，晚上要给他们盖被子怕他们感冒，有时候要起来喝水，有时候要泡奶粉……我现在手痛，身体也不好了，有时候手都抬不起来。那时候小的经常要抱，就一直没怎么好，早段时间浏阳免费检查去看了下，说有骨质增生……"（案 3）

"……休息不好啊，起早贪黑的啊！冬天要起来看一下他们……"（案 14）

"……那睡眠还是有影响，毕竟心里总是要担心着她们，怕她们晚上睡觉着凉了……"（案 5）

"……孙女1岁多我脑血栓中风了。当时就是我老公照顾我们两个人啊,孙女由我老公抱着,当时送我去医院也把她带着,带两个人,她一个我一个。没办法啊!要照顾她,后来我中风就没再继续治了……"(案9)

"……睡眠有点耽误。她10个月之内时,正好是2008年的冰冻,我是把一个热水瓶、一个奶粉瓶、一个脚盆放在房间,不出门。装了个空调,怕她冷。没系尿片,弄湿了得起来洗干净。晚上,要起来喂三四轮牛奶给她喝……"(案11)

"……带孙子啊!最大的影响就是睡眠耽误了,没睡一个好觉……"(案13)

"……她(祖母)身体也不好,她本来要去住院,为了照顾他(孙子)都不能去住院,要照顾他读书就不能够住院,只能吃药……"(案15)

(三)对隔代家庭照顾者的精神压力的影响:操心重,压力大

隔代家庭照顾者在照顾孙辈的过程中虽然会有上文提到的诸多价值和意义,但同时也会体验到很多压力。比如隔代家庭照顾者在孙辈学业辅导上易遭遇无力感和挫败感,在孙辈的安全与健康方面面临长时间的担忧和焦虑。隔代家庭照顾者在照顾过程中的压力感会呈现上升到一阶段后转向有所下降的走势。比如在孩子小的情况下,受访者普遍反映在生活照料上有压力,特别是自身的睡眠难以保障,难以兼顾家务操持和孩子照顾,以及因照顾而影响收入等。但随着孩子年龄增长其自理能力越来越强,健康状况趋向平稳,正向学习与生活习惯逐步养成,则隔代家庭照顾者的照顾压力会下降,如图3-14所示。

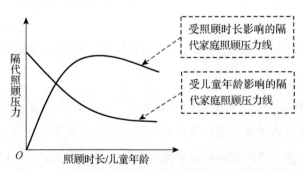

图3-14 农村留守儿童隔代家庭照顾压力变化示意图

一般而论,家庭压力是来自家庭系统中的压力与紧张,当家庭在经历结婚、生子、升学等常规生命历程主题或遭遇车祸、离婚、意外事故等突发事件时会产生不同程度的压力,如果能有效应对则能促进家庭系统发展,如果应对不好则可

能影响家庭系统功能发挥。① 因而,在农村留守儿童隔代家庭照顾资料分析中能够发现,一些家庭能够较好地应对父母外出后的隔代家庭照顾事务,而一些家庭则会在隔代家庭照顾中产生许多难以调适的家庭压力。

"……关键是每家都想望子成龙,就是大孙子不读书啊,一般也是爱玩的比较多,他不懂事就对学习上不重视,没人去补救他,成绩就搞不上去啊!这也是我有压力的地方……另外啊!作业看不懂,帮不上忙,心里急……"(案 1)

"……压力会有,像学习上会有点压力。有些我们不知道,教得不好,只能要他自己去学、去问……"(案 4)

"……就是说年级高了,压力大。怕照顾不好,出了问题,别人就会说是爷爷奶奶没看好……"(案 13)

"……不是有一点压力,真的是压力大啊!而不是有一点压力……"(案 18)

(四)对隔代家庭照顾者经济收入的影响:经济参与机会和经济收入减少

儿童照顾是一项需要投入大量时间和精力的活动。特别是农村的儿童社会化照顾服务还十分薄弱,加之传统家庭观念影响,儿童照顾往往被视为家庭事务。② 在工业化社会中,父母在面临工作和儿童照顾难以平衡的冲突时,在重视家庭责任的社会文化下,倾向于寻求祖辈支持,将儿童照顾责任转移至祖辈手中。③ 从资料分析来看,不同隔代家庭照顾模式对隔代家庭照顾者经济参与的影响存在差异。对于祖辈双亲隔代家庭照顾家庭而言,隔代家庭照顾者(祖母或外祖母)多是实际的隔代家庭照顾的承担者,一般情况下在隔代家庭照顾中她们需要全面负责孙辈的日常生活照料,即从饮食起居到学习娱乐基本由她们主责。如果祖辈双亲年纪轻且身体健康,则男性隔代家庭照顾者(祖父或外祖父)会常年外出务工,较少参与孙辈的家庭照顾。祖辈双亲作为一种家庭内子系统或作为独立家庭系统的经济功能受到限制,收入水平也会有所下降。对于祖辈单亲隔家

---

① 徐安琪,张亮. 转型期家庭压力特征和社会网络资源的运用[J]. 社会科学研究,2008(2):112-119.
② 李骅,周伟,江承凤. 隔代照顾的生物社会学动因及影响分析[J]. 人口学刊,2020,42(2):54-67.
③ 邹红,彭争呈,栾炳江. 隔代照料与女性劳动供给:兼析照料视角下全面二孩与延迟退休悖论[J]. 经济学动态,2018(7):37-52.

庭照顾家庭而言，单亲隔代家庭照顾者在照顾孙辈的过程中需要同时承担父亲和母亲的照顾角色和功能，日常的照顾事务会将其捆绑以至于"无法抽身退步"，因而其经济参与的机会更少，如案 15 中的祖母和案 17 中的祖父都是独自照顾孙子女，由于缺少经济参与机会因而自身少有经济来源。

"……就是说本来我婆婆子年纪也这么大了，实际上也有病，还是勉强去做点事，没办法啊，我现在是都动不了身啊……"（案 1）

"……爷爷要照顾曾祖母，我就只带得人，等于他们两个人（父母）的收入还是少了，我只能也出去挣点。孙女还没两岁我就要带着她去打工，摘茶啊，剪辣椒蒂子啊，挣一些零用钱……"（案 6）

"……没有任何人来负担我们，就只有他爷爷（负担）。如今爷爷也老了，现在就磨点豆腐去卖，没什么收入……"（案 9）

"……我带她也不能出去挣钱啊……"（案 10）

"……那我带得多，他（外祖父）要做事，我倒是只到今年才出去做点事。以前小了不好去，现在他们大了，又不要抱，只要搞饭给他们吃……"（案 14）

"……如今她（祖母）也没有经济收入，就只有这个养老金，他们就只搞了他们自己两个人吧……"（案 15）

"……我们要去做事，我们因为自己也要挣自己吃的。不去做点事，靠着这个养老钱，不能谋生……"（案 18）

三、隔代家庭照顾对家庭的影响：家庭转机抑或家庭更贫困

隔代家庭照顾形成的主要原因是父母外出务工，而外出务工的主要目的则在于提高收入水平和改善家庭经济状况。因此在考量隔代家庭照顾对家庭的影响时，除考察其对家庭关系和家庭角色上的影响之外，还需要重点考察对家庭经济的影响。从资料分析来看，对于多数家庭而言，父母外出务工能够提高他们自身的经济收入水平，进而改善家庭经济状况。

"……家里现在欠了十几万（元）。要跟上生活经济形势，那就顶不住，就只能（生活）搞差一点咯，这是讲实话。包括小孩子学费、七七八八的，人情方

面，大概一年要花 2 万的样子……"（案 1）

"……家庭困难啊，要吃要用啊！我们之前还有姥姥（曾祖母），只去世两年，所以我们不去挣不行啊，姥姥八九十岁了，不在家守着不行，我们也不能出去。要讲带人我最苦了，孙女还没 2 岁我就要带着她去打工。那个时候我儿子在孙女 5 岁之前都没拿钱回来，反正都要靠我们自己……"（案 2）

"……没有任何人来负担我们，就是她爷爷（负担）。如今爷爷也老了，又有气管炎，现在就磨点豆腐去卖，没什么收入。去年爷爷只做了两个月事，做不了重的事了……"（案 9）

"……家里还欠 1 万多（元）。他（外祖父）一年挣 3 万左右，还点账，还有人情方面要花，一年要是还要做点其他什么的也拿不出（钱），这也没什么办法。那（人情）要 1 万多，我们要用 1 万多，她也要用 1 万多，然后还要花在家里生活开支，这可以说他（外祖父）的钱就全部花在了这个家……"（案 10）

"……我们也欠了（债）一些咧！我们要烧煤啊，现在又没什么人搞柴……主要是我那个糖尿病好严重咧！都 23 点几，脚发麻，药我都不能吃好药，只能吃两块多一瓶的，没钱吃，没办法啊……"（案 15）

"……原先讨儿媳妇的时候，婆婆子死的时候，都还借了钱。现在加上儿媳妇一走，重大的打击来了，就造成了这个家庭更加困难。从 2015 年起，就没什么经济来源……"（案 17）

"……那她啊，一直到高中都要我照顾，这是我估计啊！他们（女儿女婿）这种形势，欠债了一二十万，怎么搞啊？是不是？几乎都要我来照顾（外孙女）啊……（我）常常骑摩托送她去看病，一看就一两百，这都是我们出咧！这叫没办法啊，都是压力咧……"（案 18）

第七节　讨论

研究者在深入 18 户家庭进行访谈和观察的过程中，感受到隔代家庭照顾的多样性和复杂性。每户家庭的隔代家庭照顾的形成、运行与影响都有家庭内在独特的情境和脉络，也呼应着社会结构和时代变迁的特征和背景。研究者同样感受到如果要认识和理解隔代家庭照顾，则既要深入日常生活中的细处去观察和挖掘不同类型隔代家庭照顾的故事、经验和价值，也要立于时代潮流的高处审视和把握不同时期隔代家庭照顾的功能、特点和趋势。本章在第 2、3 和 6 部分分别对农村留守儿童的隔代家庭照顾的形成原因、基本模式和主要影响进行了探索和阐述，但要更好地理解隔代家庭照顾，研究者认为还有几个问题需要做更充分的讨论。

一、农村留守儿童隔代家庭照顾会在短期内消亡吗？

探讨这一问题的目的是回答研究者在研究过程中产生的一种疑惑，即如果留守儿童群体能在短时间内消亡，则隔代家庭照顾也相应地会消减，而研究这一议题的学术意义与价值也会随之下降。在当前社会与经济大转型期，持续的城市化、工业化与现代化会继续对农村剩余劳动力转移产生强大的拉力作用，因而流动人口会继续增长。据测算，全国流动人口规模将在 2030 年增长至 3.27 亿人。2016 年全国流动人口规模已维持在 2.45 亿人，其中新生代（1980 年以后出生）流动人口占 64.7%。新生代流动人口正处于适龄生育年龄段，一般而言生育一孩是家庭内在的刚性需要，所以这一群体必然是生育主力军。随着 2015 年"全面二孩"（一对夫妻可生育两个孩子）生育政策的全面实施和引导，再加之养儿防老和重男轻女传统观念的深刻影响，作为新生代流动人口主体的新生代农民工生育一孩和二孩的意愿总体比较强。①

这样一来，拥有一个和多个子女的新生代农民工家庭数量会继续增加。但是，中国长期实施的城乡户籍分治制度导致农民工及其未成年子女无法获得与城市居民同等的教育、医疗和住房等公共服务，以至于大量农民工子女留居在农村成为留守儿童。② 虽然 2014 年国家推进了城乡户籍改革，但其"放小抓大"（即放开小城市户籍，抓紧大城市户籍）和技能偏向型（吸纳高学历、高技能型人口）的政策理念致使部分农民工依然遭受排斥。③ 此外，城市公立学校在招收农村户籍学生（农民工随迁子女）过程中所存在的非制度性歧视（如刁难歧视和"吃卡拿要"）以及制度性歧视（如调高入学门槛）问题，也迫使部分农民工随迁子女返回农村接受教育。④ 由此而论，儿童留守农村和隔代家庭照顾依然是一个在社会转型期内较普遍存在的社会现象。据《中国流动人口发展报告 2018》显示，90%以上农村留守儿童的主要照顾者是祖辈（祖父母或外祖父母）。因为安全、便捷、经济、可信的隔代家庭照顾不仅是农民工外出务工的一个重要支持条件，而且是家庭生育二孩甚至三孩的重要支持条件。⑤

由此而论，儿童留守农村在相当长时间内仍是一种较普遍的现象，至少在社会转型进程中，儿童留守农村与农民外出务工将会是较普遍的并存社会现象。即在未来相当长的一段时间内，儿童留守农村现象将是一个不容小视的社会问题。⑥ 相应地，隔代家庭照顾不仅不会消亡，还将继续成为农村儿童的重要家庭照顾形态。

---

① 杨菊华.生育政策与中国家庭的变迁[J].开放时代,2017(3):12-26.
② Meng X, Yamauchi C. Children of migrants: the cumulative impact of parental migration on children's education and health outcomes in China[J]. Demography,2017,54(5):1677-1714.
③ 魏东霞,谌新民.落户门槛、技能偏向与儿童留守:基于 2014 年全国流动人口监测数据的实证研究[J].经济学(季刊),2018,17(2):549-578.
④ 王智波,李长洪.中国为什么会有如此多的留守儿童:来自公立学校的非政策性户籍歧视的证据[J].劳动经济研究,2018,6(5):20-41.
⑤ 杨菊华,杜声红.部分国家生育支持政策及其对中国的启示[J].探索,2017(2):137-146.
⑥ 杨狄,刘征峰.农村留守儿童监护制度的虚置及其反射性改革[J].湖湘论坛,2018,31(4):112-123.

二、农村留守儿童隔代家庭照顾的形成原因到底为何？

从资料分析来看，农村儿童留守的主要原因在于其父母外出务工、父母婚姻变动、家庭生育二孩乃至三孩和城市社会制度排斥几个因素。由此值得讨论的是，国家在诸如《关于加强农村留守儿童关爱保护工作的意见》等政策中侧重以"父母外出务工"为指标界定农村留守儿童概念的局限性，因为它未考虑到其他原因也会导致儿童留守农村和隔代家庭照顾现象产生。在当前的儿童福利和儿童教育制度安排中，惯常的方式是先将儿童按照身体、身份、家庭等属性进行分类，然后按照相应的群体类属制定的福利政策与服务类型进行分类。比如将儿童按照流动状况分类为留守儿童、流动儿童、流浪儿童等；按照身体状况分类为残疾儿童和健全儿童；按照父母属性分类为服刑人员子女、农民工子女等；按照家庭生育状况分类为独生子女和非独生子女；按照家庭状况分类为贫困家庭儿童、困境家庭儿童、单亲家庭儿童等。这种分类，一方面存在严重的标签化和污名化问题，另一方面用单一指标或属性来分类难以把握儿童面临的根源性问题和多样性需要。因此，政府所推行的儿童福利政策，往往因为未准确对焦问题的根源所在和真实福利需要所在，而导致政策实效并不明显。[①]

蒂特马斯（Titmuss）指出社会政策的目标虽然是在于解决社会问题和满足社会需要，但社会政策受其制定者的执政理念影响而暗含特定的价值理念，因而社会政策会呈现剩余型、工业成就型和制度型三种分类。从儿童福利实践来看，虽然儿童福利范围已由孤残儿童向其他儿童扩展，但总体上还是一种剩余型（又可称残补型）儿童福利制度。其中现行的农村留守儿童关爱保护政策就是一种典型的剩余型儿童福利，它主要关注留守儿童中无户籍和家庭经济贫困等几类儿童。对于一般留守儿童而言，主要依靠家庭来提供福利。经由本书中的研究资料分析，需要提出来的是应该重新深入探讨留守儿童的多种成因，而不是在政策上将留守儿童的成因简化为父母外出务工。本书中的研究发现，父母离异等问题也

---

① 童小军.国家亲权视角下的儿童福利制度建设[J].中国青年社会科学,2018,37(2):102-110.

是农村儿童留守的重要原因。只有把握这种本质,并从政策上回应这些根源性的问题,才能真正促进留守儿童的成长。

三、农村留守儿童的隔代家庭照顾质量到底如何?

我们需要理性和客观地审视隔代家庭照顾在特定情境中的角色和价值,而要避免感性理解和持有偏见。留守儿童作为一种社会群体,隔代家庭照顾作为一种儿童养育方式,隔代家庭作为一种家庭形态,由社会发展和历史进程使然,我们不能轻易用"好"和"坏"来评判这些新生事物,需要经由深入的研究以揭示其本质。本书通过对18户农村留守儿童家庭的隔代家庭照顾情况进行实地访谈和观察,真实鲜活地呈现了留守儿童交由隔代家庭照顾者照顾的决策原因,隔代家庭照顾者如何面向留守儿童提供营养、健康、教育、安全、心理等方面的照顾服务及照顾质量保障,以及隔代家庭照顾对照顾者、受照顾儿童及家庭所产生的影响。从研究资料分析来看,总体照顾情况既有值得肯定之处,比如孩子在营养健康和安全方面的照顾较好,但也存在令人忧虑之处,比如单亲留守儿童面临关爱缺失的现象比较普遍。目前,学术界对留守儿童生存与发展状况持负面评价的居多,持有正向评价的为数不多。由此对隔代家庭照顾质量和留守儿童成长状况产生的污名化与标签化问题有待省思和检视。[①] 现有研究多采用横向研究来探究某个时间节点上的隔代家庭照顾状况,却缺乏基于家庭生命周期和儿童生命历程的纵向研究来探究隔代家庭照顾的长期影响和长期质量。

此外,在探讨隔代家庭照顾质量时有必要将家庭伦理和教养观念变迁因素纳入考量范围。农业社会的传统家庭伦理与教养观念,一方面要求父母尽责履行照顾责任,对子女无微不至地关爱并不惜牺牲奉献,另一方面要求子女尽责孝道义务,顺从父母教导并懂得反哺回报。[②] 但随着现代社会中的民主法治与社会平权理念的推广,现代家庭伦理和教养观念逐渐涌现,现代社会中不少家庭中的亲子关系已由过去的权控顺从型转向民主开明型,即父母越来越注重尊重子女的独立

---

① 江立华.乡村文化的衰落与留守儿童的困境[J].江海学刊,2011(4):108-114.
② 曹惟纯,叶光辉.高龄化下的代间关系:台湾民众孝道信念变迁趋势分析(1994—2011)[J].社会学研究,2014,29(2):116-144.

和权利，也越来越注重根据情境给子女适当的回应与关爱，而较少再如过去那样采取严管严教和威权控制方式。① 这种家庭伦理与教养观念的变化无疑也对农村留守儿童的隔代家庭照顾方式产生了重要影响，从本书中的研究资料分析来看，隔代家庭照顾者较为普遍地认识到隔代家庭照顾和父母照顾的差异。多数隔代家庭照顾者认为对待孙子女不能采取"打骂"方式，常采取"讲理"和"引导"的方式进行教育和监管，因而隔代家庭照顾者在照顾孙辈的过程中表现出更多的耐心并采用更为温和的方式。

相比之下，留守儿童的父母因长期在外务工而无法参与到孩子的日常照顾和教育中，因而主要通过远端电话、语音、视频或定期回乡探访等方式对子女实施关爱和教育，这种时空分离型与非连续型的亲子互动方式的主体目标主要是情感功能而非教育功能。此外，留守儿童的父母在城市务工过程中会接触和接收不同于农村的教育理念和技能，因而会在子女教育中比较关注孩子的个性发展和自主性培养，也会相较于一般农村父母更多地采用多元开放型的教育理念和教育方式。由此而论，农村留守儿童的隔代家庭照顾中的"宽松"环境无疑为孩子的自主性和独立性成长提供了更多的可能空间，同时也减少了来自父母和（外）祖父母的过度保护和干预的可能性，还可能减少亲子关系冲突及父母针对子女的家庭暴力和粗暴管教的可能性。从这一角度而言，部分家庭的农村留守儿童的隔代家庭照顾质量会高于父母照顾质量。

四、隔代家庭照顾的经济条件受何影响？

在照顾儿童的过程中，需要保障儿童的饮食起居、营养健康、教育、医疗、休闲娱乐等与儿童身心成长与社会化的各种需要的满足，这不仅需要照顾者提供精心的照料服务，而且需要一定的经济条件支持。从访谈资料情况来看，农村留守儿童的照顾费用主要分为两部分，一部分是用于孩子饮食起居、营养健康、休闲娱乐等方面的基本生活费用，另一部分则是用于孩子接受学校教育、课外培训辅导和学习辅助设施。对于农村留守儿童家庭而言，祖辈与父辈双方的经济收入

---

① 徐美雯,魏希圣.华人文化教养信念、教养行为对青少年忧郁及偏差行为之影响[J].家庭教育与谘商学刊,2015(18):35-63.

水平与能力，以及原有家庭经济基础构成了家庭基本经济条件，这不仅影响着家庭生活质量，也影响着照顾费用的分担机制。如图 3-15，将父辈经济收入能力和祖辈经济收入能力分别视为 x 轴和 y 轴，原有家庭经济基础视为 z 轴，在三轴上各取一点则会形成一个三角切面，而三角切面的面积的大小则代表着家庭经济的好坏，两者成正比关系。如

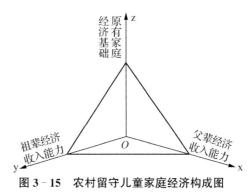

图 3-15 农村留守儿童家庭经济构成图

果原有家庭经济基础比较好，再加之父辈和祖辈都有比较好的经济收入能力，则在三轴线上的切点离轴心的距离越远，所形成的三角切面的面积则越大，表示家庭经济状况越好。

从本书中的研究资料分析情况来看，各个家庭的经济条件都不一样，所导致的原因也有所不同。总体而言，有以下几种影响家庭经济状况的因素。第一种是建设新房。农村家庭为改善居住条件流行建设新房，而当地建设新房一般需要花费 10 万元至 40 万元不等，这导致不少农村家庭因建新房而陷入长时间"欠债"状态。在笔者调研的这些家庭中，多数家庭都表示在建设自家新房的过程中需要花费大量甚至全部的家庭积蓄，并会在人工费和物料费方面"欠账"。比如案 1 就因为建设新房导致家庭欠债较多，因而家庭经济状况长时间处于贫困状态。第二种是夫妻离异。对于未成年子女照顾和老年人照顾，在经济和人力支持方面都可能离不开中青年农民工夫妇的合作。在调研中发现：一些家庭认为"夫妻双方外出务工"能够为家庭提供两份收入并增强了收入来源的稳定性；而也有一些家庭认为"一方外出务工另一方居家照顾"则有利于"后方稳定"，既能够通过打工增加家庭收入，又能够抓好孩子的学习以及兼顾照料好老人和孩子的生活。但是，一旦家庭出现夫妻离异，原有的家庭分工与合作的模式就会被打破，经济收入和家庭照顾的重担几乎会全部转移到承担未成年子女抚养责任的一方。比如案 15 便充分证明了夫妻离异会导致家庭在收入获取和孩子照顾上遭遇"两难境地"，容易造成家庭经济陷入贫困中。

五、隔代家庭照顾中的学业辅导有多重要？

如果将教育视为儿童社会化最为重要的议题，那么，教育改革与知识更新情境下难以胜任的学业辅导将是隔代家庭照顾家庭普遍面临的最主要困境。家庭是儿童成长与社会化的第一场所，均衡的营养供给、舒适的居住环境、良好的卫生习惯、正向的人际交往、温暖的心理关怀是儿童健康成长的基本要素。而照顾孙辈是"双留守"家庭的留守老人日常生活的主要内容，因而留守老人要替补孩子父母"离场"后的角色，接替父母对孙辈的日常起居、营养、健康、安全、学习、心理健康等多个方面进行照顾。调研地经济社会发展基础相对较好，受访家庭居住的房屋多数是近20年新建楼房，家庭生活设施配置比较齐全，能够适切孩子的日常生活和成长需要。在营养健康方面，调研地的农村留守老人多具有一定的育儿经验和健康管护知识，加之《湖南省中小学生命与健康教育指导纲要（试行）》和《农村义务教育学生营养改善计划》等政策的实施直接提升了学校与家庭在儿童营养健康、生命安全方面的照顾能力。多数农村留守老人表示在孙辈的健康、营养、安全方面照顾比较到位。少数隔代家庭照顾家庭反映在解决孙辈"挑食"问题方面操心比较多，也有个别隔代家庭照顾家庭反映在孙辈独自居家时发生过孩子"误食蚊香"和"跌到床下"的风险性事件。农村留守老人反映最为突出的共同问题是自身难以为孙辈的学业辅导提供支持。20世纪90年代开始的"撤点并校"运动，导致农村学生在村、乡（镇）上学的格局被打破，大量农村生源上移至城镇，而农村教育资源分布不均衡的问题更加凸显。在国家全面推进素质教育和中小学生减负的行动中，家庭教育与校外培训机构教育成为现代教育体系的重要组成部分。农村留守老人普遍感到受制于自身教育水平偏低和中小学课程内容迭代更新加快等因素，难以胜任孙辈的学业辅导。一些60岁以下接受过初中及以上教育的留守老人表示基本胜任辅导小学四年级以下的课程，而一些65岁以上文化水平低的留守老人表示在孙辈学习上"难以帮上忙"。多数农村留守老人意识到"知识改变命运"的重要性和紧迫性，但面临自身受教育水平有限、教育制度变革加速、现代信息和知识更新迅猛等多重挑战，在孙辈的家庭教育和学业辅导方面越来越显得"有心无力"和"难以胜任"。他们更多的是对孩子的作息习惯和学习行为进行督促和引导，而在孩子的学习方法指导、学习内容监测、学习过程管控、学习效果评估等方面所发挥的作用比较小。一些留守孩子的学业问题，主要通过父母远程支持、请教老师、咨询朋辈和查阅电子工具等方式来解决。在孩子照顾和学业辅导过程中，不少农村留守老人表示"隔代亲"所导致的"不服管教"以及"手机网瘾"问题非常难解决。在调研中发现，少数留守儿童由于过早或过多使用手机、平板、电话手表等电子产品而出现"沉溺电子产品"的问题，这促使他们较容易丧失对学习的动力、兴趣和信心，进而衍生出厌学和逃学行为问题。

六、隔代家庭照顾者面临的"照顾黏连"压力如何？

农村留守相比于普通家庭的显著差异在于其家庭结构存在"阶段性"或"持久性"的不完整状态。家庭结构上的不完整或缺失会导致家庭功能上的障碍和损伤。在实地调研中发现，一些留守家庭在结构上具有完整性和融合性，因而其留守家庭的生活品质比较高。比如留守老人双方年纪偏轻且身体健康、关系和谐，都同时留守在家，这样一来留守老人可以有效"临时接替"亲职角色为孙辈提供照顾和社会化情境，同时能够合理配置人力资源开展家庭照顾、农业生产以及收入性劳动，并形成稳固的情感支持系统。此外，在外务工的父母夫妻关系和谐、家庭联系紧密、务工收入稳定，这样一来他们不仅能够为留守家庭提供持续的经济支持和情感关怀，保障留守老人和留守儿童的生活品质和情感连接，也能在不同时段通过返乡探亲、就业或接留守子女和留守老人入城"短暂生活"等方式提供"隔代家庭照顾喘息"。在这种家庭角色结构完整和家庭关系结构通畅的留守家庭中，能够观察到老人养老和隔代家庭照顾能够井然有序地运行着。然而，对于角色结构不完整和关系结构不通畅的留守家庭而言，留守老人面临巨大的身心压力，这种压力表现为对自身老化患病情况的不可控、对隔代家庭照顾能力弱化的担忧等。在结构不完整的留守家庭中，自我养老和孙辈照顾全部上移和挤压在留守老人身上，一些家庭结构缺失的留守家庭演变成祖孙"相依为命"的局面。特别是祖孙"两人户"家庭中，留守老人面临"不敢老、不敢病、不敢放手"，必须提供全时段、全过程隔代家庭照顾的"照顾黏连"危机。

一些留守老人表示在65岁以前对自己的养老生活和孩子的家庭照顾不会太担心，因为这个时段自己的"身体不会出大的毛病"，也能够"挣些钱"。但他们"怕变老"，老了"自己看病要花钱，孩子读书要花钱，但自己越来越难挣到钱"，因而担心失去经济收入能力后"养不起"孙辈。除来自身体老化和经济收入能力下降的压力外，"双留守"家庭的老人还面临巨大的精神压力。他们时常担心孩子的安全和学习问题，特别是父母离异或病亡家庭，留守老人特别担心孙辈出现性格和行为问题。

七、隔代家庭照顾模式的优缺点何在？

经研究发现，农村留守儿童的隔代家庭照顾模式主要有父辈双亲支持型祖辈双亲照顾、父辈单亲支持型祖辈双亲照顾、父辈单亲支持型祖辈单亲照顾和父辈无支持型祖辈双亲照顾四种基本模式。受制于质性研究方法特性的局限，研究者不能透过建构或借助测量工具对所发现的几种隔代家庭照顾模式的功能和优缺点进行精确测量和统计。但是质性研究方法可以帮助研究者透过研究参与者所提供的资料对隔代家庭照顾模式的优缺点进行归纳性分析。研究者基于研究资料分析的结果，将四种隔代家庭照顾模式的优缺点归纳于表3-4中，探讨农村留守儿童隔代家庭照顾模式的重要意义在于揭示隔代家庭照顾的具体方式和照顾质量的真实状况。从研究来看，隔代家庭照顾质量取决于父辈支持系统和祖辈照顾系统在照顾资源配置、照顾能力发挥、照顾协作支持上满足孩子生活与成长所需要的资源与条件的状况。通过研究资料分析，可以从中提炼出一组有关农村留守儿童隔代家庭照顾的核心概念，即：(1) 隔代家庭照顾质量可由儿童成长表现（身心表现、学业表现、人际表现）和隔代家庭照顾者表现（照顾价值感、照顾胜任感、照顾压力感）来观察和呈现；(2) 隔代家庭照顾质量受到家庭照顾经济资本（家庭工作人数、成员薪资水平、原有经济基础）和家庭照顾人力资本（家庭照顾人力、家庭照顾能力、照顾支持网络）两方面的因素影响。

从表3-4中可以看到，研究者根据"隔代家庭照顾质量＝家庭照顾经济资本×家庭照顾人力资本"的思路对研究所发现的四类隔代家庭照顾模式的优缺点进行了归纳。从表中可以发现，父辈双亲系统结构和祖辈双亲系统结构健全与否直接影响隔代家庭照顾质量和照顾能力的高低。因为父辈系统和祖辈系统的结构与性能对家庭照顾资源的数量与质量产生关键性影响，而家庭照顾资源的数量与质量又对家庭照顾质量与家庭照顾能力产生关键性影响。依此而论，如果农村留守儿童的父辈双亲系统和祖辈双亲系统同时都结构完整（即父辈和祖辈都在世、在婚）且性能正常（即父辈和祖辈都能正常参与照顾），则家庭照顾质量和家庭照顾能力将可能实现最优化的目标状态。换言之，如果父辈与祖辈双亲都可提供照顾，且关系和谐紧密，则留守儿童可获得最优质的照顾。相比而言，其他三种隔代家庭照顾模式因照顾系统结构存在缺损，因而其照顾质量和照顾能力会受限。其中隔代家庭照顾质量最不理想的是父辈系统不能提供任何支持的情形，因为农村的祖辈在照顾孙辈的过程中会面临经济收入不足、身体健康衰退、照顾技能缺乏等挑战，如果缺少来自父辈的支持和接续，则隔代家庭照顾者面临的身心压力和经济压力会持续增长，从而形成隔代家庭照顾弱势与照顾风险的累积效应。

表 3-4 农村留守儿童隔代家庭照顾模式的优缺点

模式类型	案家代表	优点	缺点	照顾质量
父辈双亲支持型祖辈双亲照顾	案3、案4、案5、案8、案12、案13、案14、案18	①家庭经济来源和支持多元，家庭照顾经济资本累积快 ②家庭照顾人手多，家庭照顾人力资本厚实 ③家庭照顾协作网络广，家庭照顾压力有分担机制 ④孩子可同时从父辈和祖辈获得关爱，代际团结度高 ⑤父母如婚姻稳定则对家庭及孩子的支持更为稳固有力 ⑥父辈与祖辈双亲结构完整有助孩子的社会化	①不良婆媳关系可能影响隔代家庭照顾质量 ②教养理念与教养方式的代际差异可能影响隔代家庭照顾质量 ③可能出现父母放手子女的照顾与教育责任 ④可能出现亲子关系疏离与"隔代亲"	高

续表

模式类型	案家代表	优点	缺点	照顾质量
父辈单亲支持型祖辈双亲照顾	案1、案2、案6、案7、案11	① 家庭照顾责任比较明确，祖辈主责孩子的家庭照顾，父辈主责家庭经济支持 ② 家庭照顾方式稳定持续，主要遵循祖辈建构的照顾方式	① 家庭经济收入来源减少 ② 家庭照顾人手减少 ③ 孩子缺少父母一方关爱，易产生"母爱剥夺"或"父爱剥夺" ④ 孩子的社会化与教育受限制	中
父辈单亲支持型祖辈单亲照顾	案15、案16、案17	① 家庭照顾方式稳定持续，主要遵循祖非建构的照顾方式 ② 孙、父、祖三代关系紧密	① 家庭照顾系统脆弱，家庭抗逆力弱 ② 隔代家庭照顾者压力大，面临挑战多 ③ 家庭照顾人手不足，照顾喘息机会少 ④ 孩子缺少父母一方关爱，社会化与教育受限制 ⑤ 孩子面临照顾不当与遭受侵害的风险高	差
父辈无支持型祖辈双亲照顾	案9、案10	① 孙辈与祖辈照顾关系和代际团结紧密 ② 家庭照顾方式稳定单一，主要遵循祖辈建构的照顾方式	① 家庭经济支持缺乏 ② 家庭照顾人手不足 ③ 家庭照顾压力增大，家庭照顾系统抗逆力差 ④ 孩子缺少父母关爱，社会化与教育受限制 ⑤ 孩子面临照顾不当与遭受侵害的风险高	差

第四章

研究结论、研究限制与实务建议

第一节 研究结论

本书研究的目的主要是探讨农村留守儿童隔代家庭照顾的形成原因、基本模式和主要影响。通过对18户隔代家庭照顾资料的分析发现，隔代家庭照顾是一项内容丰富与情境复杂的服务活动，隔代家庭照顾系统和父辈支持系统的互动形态和构成结构为隔代家庭照顾建构了不同的运作模式和服务架构，从而影响着隔代家庭照顾的过程和质量，进而对隔代家庭照顾者和受照顾儿童及整个家庭产生不同的影响。为了更准确、简约地呈现研究发现，研究者再次将研究结论予以浓缩和归纳。

一、农村留守儿童隔代家庭照顾形成有四种主要成因

从研究受访家庭的叙述来看，祖辈照顾孙辈的主要原因是：（1）父母需要外出务工，隔代家庭照顾能够为外出务工的父母提供照顾责任解套和自主性时空；（2）父母婚姻变动，隔代家庭照顾能够在父母离异或重组家庭时提供替补性儿童照顾；（3）父母生育二孩，隔代家庭照顾能够在父母生育二孩过程中提供家庭式支持和照顾压力分担；（4）城市社会规则排斥，隔代家庭照顾能够为农民工随迁子女提供接受教育与社会化的中继站和回收站。

二、农村留守儿童隔代家庭照顾有四种基本模式

从研究所收集的资料的分析情况来看，父母外出务工在客观上产生了亲子关

系的时空分离和亲职照顾的时空缺位,祖辈接手孙辈的照顾在客观上形成了隔代家庭照顾。祖辈补位到儿童照顾系统中,替补父母的角色与功能为孙辈提供生活照料、教育和精神关爱等服务;而父母则从儿童照顾系统中移位出来,转位为这一隔代家庭照顾系统的外部支持系统,为隔代家庭照顾提供经济保障、情感支持和照顾协助等。在研究的18户家庭的具体隔代家庭照顾实践中,因祖辈照顾者系统和父辈支持系统间不同的结构构成和交互作用构成了四种隔代家庭照顾模式:(1)父辈双亲支持型祖辈双亲照顾模式;(2)父辈单亲支持型祖辈双亲照顾模式;(3)父辈单亲支持型祖辈单亲照顾模式;(4)父辈无支持型祖辈双亲照顾模式。

(一)父辈双亲支持型祖辈双亲照顾模式

这种隔代家庭照顾模式的特征是父辈双亲结构和祖辈双亲结构都是完整的,并在祖辈和父辈的协同下能够提供质量较高和功能较全的儿童照顾。特别是父辈支持系统在家庭经济支持、儿童心理关爱和照顾喘息支持方面具有较好的弹性和功能。

(二)父辈单亲支持型祖辈双亲照顾模式

这种隔代家庭照顾模式的特征是父辈双亲结构不完整但祖辈双亲结构完整。一般而言,父母离婚、感情破裂等会导致父辈双亲支持系统变成父辈单亲支持系统,从而降低了对隔代家庭照顾系统的支持功能。最为显著的影响是儿童在结构不完整的父辈支持系统中无法得到全方位的关爱和支持,容易在客观上产生"母爱剥夺"或"父爱剥夺"。

(三)父辈单亲支持型祖辈单亲照顾模式

这种隔代家庭照顾模式的特征是父辈双亲结构和祖辈双亲结构都不完整,由于祖辈单亲要全面承担孙辈的日常照顾导致其经济参与机会显著减少,因而家庭照顾所需的经济支持则主要由父辈单亲承担。在亲缘选择惯习作用下,一般而言父亲会与祖父母一方形成照顾联盟,母亲会与外祖父母一方形成照顾联盟。在这种联盟结构中,祖辈和父辈的依赖和互动关系更为紧密。但这种隔代家庭照顾系统的功能也比较脆弱,任一方出现问题都可能导致隔代家庭照顾陷入困境。此外,孩子在这种照顾模式中也面临"父爱剥夺"或"母爱剥夺"的问题。

(四)父辈无支持型祖辈双亲照顾模式

这种隔代家庭照顾模式的特征是祖辈双亲结构完整,且由他们全面接手孩子的照顾以及形成独立的隔代家庭照顾系统。而父辈则因离婚、能力不足或放弃责任等原因不能给隔代家庭照顾系统提供支持,从而导致祖辈双亲要全面承担孙辈的照顾责任和照顾压力。由于失去来自父辈系统的支持,这种照顾模式的功能十分脆弱,隔代家庭照顾者将长期面临较高的经济压力和精神压力,而孙辈则可能完全失去父母关爱而成为事实上的孤儿。

三、隔代家庭照顾产生的家庭影响

隔代家庭照顾是在祖辈与孙辈的双向互动过程中实现的,因而会对彼此产生影响。祖辈与孙辈构成隔代家庭照顾系统,这一系统的运行也需要来自父母的支持,因此祖辈、父辈和孙辈各自构成的系统会彼此产生互动和影响,从而促使家庭系统发生变化。

(一)隔代家庭照顾对受照顾儿童的影响

农村留守儿童在隔代家庭照顾中营养健康和安全保护状况较好,在学业表现上存在家庭内和群体内的分化差异,在心理健康状况上则父辈双亲支持型儿童要好于父辈单亲支持型儿童,最不理想的是父辈无支持型儿童。

(二)隔代家庭照顾对隔代家庭照顾者的影响

隔代家庭照顾对隔代家庭照顾者会产生正向和负向的影响:从身体健康影响来看主要是剥夺了隔代家庭照顾者的睡眠和休息时间,对于体弱患病的隔代家庭照顾者则可能影响其治疗和康复;从经济收入影响来看一定程度上限制了隔代家庭照顾者的经济参与机会和空间范围,也一定程度上限制了隔代家庭照顾者的经济收入增长;从精神压力影响来看,一方面隔代家庭照顾对丰富隔代家庭照顾者晚年生活和增强代际团结有积极意义,另一方面隔代家庭照顾给隔代家庭照顾者带来巨大精神压力,如学业辅导压力、安全防护压力、健康照顾压力等。

(三)隔代家庭照顾对家庭的影响

隔代家庭照顾对家庭的影响是多面向的:对于父辈双亲支持型祖辈双亲照顾

的家庭而言，隔代家庭照顾作为父母双方外出务工的一个前提性条件，有助于改善家庭经济状况和增进家庭代际团结；对于父辈单亲支持型祖辈双亲/祖辈单亲照顾家庭而言，如果父辈单亲因外出务工不利不能给隔代家庭照顾提供稳定而持续的经济支持，则隔代家庭照顾者将面临较大的经济压力乃至家庭贫困；对于父辈无支持型祖辈双亲/祖辈单亲照顾家庭而言，照顾压力和经济压力将同时转移至隔代家庭照顾者身上，如果隔代家庭照顾者缺乏经济收入能力以及外部支持，则他们较难承受孙辈照顾、家庭生活开销和人情往来以及老年疾病治疗所需的经济负担，因而更易陷入经济拮据或家庭贫困中。

第二节 研究限制

本书从选题确定,到研究计划制定,最后到实地调研、资料分析与撰写前后经历了一年多的时间。在这个过程中,研究者作为学术研究的初学者和实践者,始终保持着对学术的浓厚热情和对农村留守儿童的社会关怀。在遵守学术规范和学术伦理的前提下,开展了深入细致的研究,对农村留守儿童隔代家庭照顾议题进行了深描和诠释,形成了初步的结论。但也存在以下研究限制。

一、研究方法上有局限

本书在研究方法上存在一定局限。其一,本书采用质性研究常用的个案研究法,这种方法对于深度揭示和诠释农村留守儿童隔代家庭照顾模式和意义有重要价值。但由于未使用量化研究方法,无法从更广的视角来审视农村留守儿童隔代家庭照顾的总体面貌和基本特征,导致研究结论不具有一般推论性。其二,研究者在 2018 年开展实地访谈研究时采取了预访和正式访谈两个步骤,预访阶段先是从 3 个村取得《留守儿童花名册》,每村在一名向导的引导下入户走访,并在此基础上确定受访对象和访谈关系。正式访谈阶段由研究者独立进入受访对象家庭开展入户访谈。虽然研究者做了充分的准备,但由于整个访谈研究的时间安排比较紧凑,未能基于留守儿童的留守经历和留守家庭生命周期开展长时间的观察和访谈,在资料收集的完整性和深入性上存在局限性。其三,研究者虽然于 2021 年 11 月对 4 名 2018 年 8 月受访的留守儿童进行了新的访谈,但由于访谈时间间距超过 3 年,且重访对象数量少,难以从时间维度上进行整体性的比较分析。

这些在研究中存在的局限有待研究者下一步开展新的留守儿童研究计划时进行克服，值得进一步在研究中采用混合研究方法，既考虑采用问卷调查方法从整体上分析这一区域留守儿童的隔代照顾和成长情况，又考虑采用个案研究方法从留守儿童个体生命历程和家庭生命周期考察留守儿童的隔代照顾生活和成长影响。

二、资料收集方法有局限

本书试图从"照顾者—受照顾者"互动视角探究隔代家庭照顾模式，受制于研究者的能力、时间和精力及成本，每个受访家庭只入户访谈和观察了两次，其中在第二次正式入户访谈时有 8 户的祖父母都接受了访谈，但有 5 户的祖父和 3 户的祖母因外出未能接受访谈，有 6 户的孩子因正值暑假由父母接走或走亲戚未能接受访谈。此外，由于受访儿童年龄小语言表达和沟通能力有限因而访谈对话很简短，信息量小。虽然总体访谈转录稿文本资料超过 15 万字，但由于未能进行多次访谈和长时间入户观察，因而所收集的研究资料在丰富性上仍存在不足。另外，受制于研究时间、精力和经费，研究者未能将研究对象扩展到邻里、亲友、村委会、社会服务组织和地方政府，从而无法获得相关资料来探究影响隔代家庭照顾系统的中观和宏观因素。

三、资料分析存在不足

本书中的研究主要运用质性研究软件 Nvivo 11 进行辅助分析，采用米尔斯（Miles）、胡佰曼（Huberman）、梅里亚姆（Merriam）等人提出的质性资料分析方法进行访谈资料分析，较好地呈现了隔代家庭照顾过程中各系统的互动关系和模式，比较直观和真实地深描了隔代家庭照顾系统的决策、运行、协作和支持模式，但受制于研究方法，无法像问卷和量表那样对研究参与者进行精确测量和对研究资料进行统计分析。

四、未来研究方向

（一）需要采用混合研究方法开展研究

本书中的研究为未来研究提供了前期研究基础，提供了第一手资料，未来研究要克服本书中的研究所用质性研究的局限性，则需要结合量化研究方法进行混合研究。通过问卷调查来统计分析农村留守儿童隔代家庭照顾的总体情况和特征，以期通过样本调查推论总体情况，以谋求提供更为科学的政策建议。同时，在本书研究的基础上，可采用质性研究中的个案研究法以及民族志、现象学等研究方法，深入农村留守儿童家庭生活中进行研究，以期在研究中增强研究参与者的主体性，更为深度和生动地揭示农村留守儿童家庭照顾的真实情境和内在意义与价值。

（二）需要加强隔代家庭照顾者群体研究

目前学术界主要聚焦于农村留守儿童这个群体的研究，并多通过与普通儿童、流动儿童等群体进行比较研究，而忽略了从隔代家庭照顾者群体及隔代家庭照顾活动的结构与过程来研究，因而现有研究多片面地揭示了农村留守儿童本身存在的问题和不足。未来研究者需要正视隔代家庭照顾是转型期农村儿童乃至城市儿童的一种正常的家庭照顾模式，并要注重从隔代家庭照顾者视角来探究隔代家庭照顾议题。此外，儿童是回答自己处境的最好专家，但他们常存在"无能力表达"或"不愿意表达"的情况，常无法准确自我判断自身的需要和存在的问题。因此，未来需要透过留守儿童的说、写、画、演等方式来收集家庭照顾情况及隔代家庭照顾者的照顾行为。

（三）需要推进离异型留守儿童隔代家庭照顾研究

经研究发现农村留守儿童父母离婚不仅会对家庭的夫妻关系、亲子关系及整体家庭关系造成很大的损伤，而且会直接改变农村留守儿童的家庭照顾模式。一旦父母离婚，隔代家庭照顾往往成为无回旋之地的"救命稻草"，在这种隔代家庭照顾中如果再遭遇（外）祖父母患病或病亡的家庭事件，则隔代家庭照顾系统就会变得脆弱不堪和缺乏弹性。因此，本研究者认为未来研究应该重点关注这类脆弱的隔代家庭照顾家庭,以期从学术研究到服务跟进上能够回应他们面临的问题和现实需要。

(四)需要在农村留守儿童研究中引入生命历程视角

儿童照顾是一个动态过程,牵涉到家庭、受照顾儿童和隔代家庭照顾者及父母等不同面向的生命历程。有研究者指出,生命历程是由社会建构的,因而以世代作为研究策略,则有助于更好地把握时空脉络的变动性,以及在社会变迁视角下理解多代际关系,洞察群体生命历程和制度脉络的关系。从本书中的研究来看,多数家庭中的(外)祖母在留守儿童的日常生活照顾中扮演主导角色,而贫困留守儿童家庭的福利政策支持需要比较强烈。可见留守儿童隔代家庭照顾研究不可回避性别化议题和贫困议题。从多数女性的生命历程来看,是以男性生命历程为中心的,女性在社会变迁中要处理家庭照顾和工作平衡的议题,因而无法避开从个体生命史去建构日常生活与社会制度的互动。① 由此来看,透过生命历程视角去探讨家庭的结构与功能变动、儿童的依赖性与独立性变化、母亲的婚姻与照顾角色变动,以及(外)祖母的身体状况与照顾能力变动等面向,是未来留守儿童学术研究值得关注的部分,这有助于从微观层面动态地、系统地和过程化地考察单个家庭的隔代家庭照顾状况,也有助于从宏观层面考察一定时期内文化与政策对隔代家庭照顾的影响。

---

① 刘香兰,古允文.儒家福利体制真的存在吗?——以台湾照顾责任部门分工为核心的分析[J].社会政策评论,2015(1):21-42.

第三节　实务建议

质性研究采用的是分析性类推（分析性归纳）逻辑，质性研究中所归纳出的理论，在遵循"复制法则"之下能够在相同情境下的其他个案中复制和检验，即质性研究的研究结果可以外推到具有同样情境的其他个案中。但是，长久以来质性研究中存在两个偏见：第一个偏见是认为每个质性研究都是独一无二的，它们有自身独特的情境和特质，因而质性研究的结果很难类推到特定情境和脉络以外更广泛的情境中；第二个偏见是在质性研究中坚持量化研究抽样思维和统计类推逻辑，即在取样时选择有代表性样本作为受访者并将研究结果外推到该样本所属的母群。基于这种观点，本书旨在针对具有同样情境的农村留守儿童的隔代家庭照顾服务提出实务建议，而不妄图从宏观层面提出总体性的政策与实务建议。

一、积极发展面向农村留守儿童家庭的社会工作服务

社会工作者作为社会福利资源与服务的传递者，不仅有科学的需要评估与问题诊断方法和技术，而且能够使用专业方法和技术整合资源并提供服务。在本书中的研究实施过程中，研究者接触了研究地的留守儿童隔代家庭照顾者、留守儿童、村委会干部以及教师，从与他们的接触和访谈中发现他们对社会工作和社会工作者基本不熟悉，甚至没有听过。换言之，当时当地还没有社会工作机构进驻，也无社会工作服务供给。值得期待的是，2017年民政部、教育部、财政部、共青团中央、全国妇联联合下发了《关于在农村留守儿童关爱保护中发挥社会工

作专业人才作用的指导意见》，明确提出"引导社会工作专业人才深入乡镇（街道）和农村社区，充实基层农村留守儿童关爱保护工作力量，协助解决农村留守儿童在生活、监护、成长过程中遇到的困难与问题"。随后，2018年湖南省下发了《关于推进政府购买服务加强基层民政经办服务能力的实施意见》，明确提出"全面建立乡镇（街道）社会工作服务站（为社会组织属性）"，"支持培育一批社会组织到乡镇（街道）设立社工站点，组织社会工作专业人才到基层一线开展专业服务，构建社区、社会组织和社会工作者'三社联动'机制"。这意味着在研究地的两个乡镇也将建立社会工作服务站点，会逐步培育社会工作机构和社会工作服务人才，并逐步面向社区（村）提供社会工作服务。在此情境下，政府需要大力引导社会工作服务资源向农村留守儿童家庭提供专业服务。特别是本书的案例中凸显出来的隔代家庭照顾者在孩子的学业辅导、心理健康辅导以及家庭关系调适、照顾压力调适等方面面临的需要和问题，可以由社会工作者提供具体的服务和支持。从服务阵地建设、人才队伍发展和专业组织培育的角度，政府可以从以下几个方面加强工作：一是依托"十四五"时期乡镇社会工作站建设的契机，积极引导驻站社工学习儿童服务理论和知识，并引导他们开发和实施农村留守儿童服务项目，将乡镇社会工作站、社区社会工作室、儿童之家、乡村小学等儿童成长空间和儿童服务平台进行有效整合。二是积极促进儿童督导员和儿童主任及其助理队伍的服务能力专业化，因地制宜地推进儿童主任和儿童督导员的专职化和专业化，做好留守儿童关爱服务与权益保障工作。三是吸纳专业社会工作人才进入社会组织或乡村社区，充分发挥社会工作在留守儿童教育和关爱保护中需求评估、资源链接、自我保护、能力培育、权益保护、社会观护、监护人教育指导与压力舒缓等方面的专业优势和积极作用，为留守儿童的家庭教育和关爱保护提供个性化、专业化的服务。

二、引导隔代家庭照顾者建构支持性家庭情感氛围

　　隔代家庭照顾者在实施照顾的过程中对孙辈进行教育和养育，而这种教养方式会在特定的家庭情感氛围中表现出来。孩子的态度、认知和情感以及行为能够

折射出家庭的情感氛围和教养风格。① 一般而言，和谐的、欢乐的、稳定的、支持的家庭情感氛围能够让孩子获得安全感和支持感，能够提升他们生活适应与问题应对的能力。需要针对隔代家庭照顾者开展宣传和培训以提升他们的隔代教养能力和改善他们的隔代教养风格，比如以学校、乡村社区活动中心、留守儿童家庭作为活动场所，开展形式多样、内容丰富、气氛活泼、主题突出、题材鲜活的隔代家庭照顾者群体小组参与以及祖孙共同参与的书画、音乐、娱乐等活动。引导家庭构建民主型教育氛围，比如建立定期或不定期的线下线上的家庭会议，由孩子、隔代家庭照顾者和父母进行多方沟通并举行家庭事务决策会议和政策学习活动。为积极推进对在外务工人员的宣教工作，2018年民政部等部门共同启动了全国农村留守儿童关爱保护"百场宣讲进工地"活动。在几年时间内，走进分布于全国多个省（区、市）的中国建筑集团项目工地，面向多达数百万的务工人员提供儿童政策法规、儿童安全保护、亲情沟通技巧主题宣讲；吸取这些活动的实践经验，引导更多的部门和社会组织参与类似活动，切实提升家长的政策知识储备、家庭监护意识和亲情关爱技能。2020年，全国妇联与教育部共同印发《家长家庭教育基本行为规范》，为留守儿童的照顾者和外出父母提供了相应的家庭教育行为指南。同年，民政部组织开展"政策宣讲进村（居）"活动，通过制播法律法规、监护履职、儿童自护课程，开展村（居）儿童主任履职、监护人履行监护、儿童安全自护等主题宣讲。这些宣讲活动对于促进农村留守儿童的家庭照顾意识和能力提升具有实质性作用，居家隔代家庭照顾者和外出务工父母通过宣讲学习能够获得新的教育理念和方法，从而在家庭照顾实践中能够进一步强化自身的照顾责任，并尝试和探索更具温暖、支持、包容的家庭生活氛围。

三、引导父母履行子女抚养和家庭支持责任

在本书的案例中有多户存在父母离婚或感情破裂的家庭事件，更为遗憾的是，这些案例中有的父母离婚后，本应在孩子的社会化和教育中扮演关键角色的母亲或父亲却"断失联系"，完全未履行作为父母应尽的子女抚养责任，因而所

---

① 徐慧,张建新,张梅玲.家庭教养方式对儿童社会化发展影响的研究综述[J].心理科学,2008(4)：940-942.

产生的最为直接的损伤是孩子面临"母爱剥夺"或"父爱剥夺"以及隔代家庭照顾者面临更严峻的家庭经济负担和孙辈心理关爱压力。① 因此，增强父母的履职尽责意识和能力，帮助隔代家庭构建和维系来自父母双方的情感乃至经济支持，是提升隔代家庭照顾系统的功能与稳定性的重要举措。从实务操作层面而言，需要把握几个环节的服务和引导。第一个环节是在婚姻登记时，在婚姻登记机构尝试开设新婚夫妇的生育准备教育与培训；第二个环节是妊娠期和哺乳期，在妇幼保健机构所开设的孕产妇卫生、心理、营养指导培训服务中尝试融入亲子关系技巧、母职角色与抚养责任等方面的训练和宣传；第三个环节是在孩子接种疫苗的过程中，融入对亲子关系的监测与辅导服务；第四个环节是在父母离婚过程中，离婚登记机构或法院可将夫妻抚养子女的责任、形式和内容加强明确，并建立相应的监控机制，比如由儿童福利机构定期跟踪和监测离婚父母对孩子的监护责任的履行情况，并纳入父母的个人信用监控系统。当前各大银行系统所实施的"个人征信记录系统"就具有很强的借鉴价值，如果将父母履行未成年人子女抚养和监护责任的情况适当纳入银行个人征信系统，透过银行系统对存在恶性忽视、虐待儿童或故意不履行亲职义务的家长实施银行信贷权限制约，则可能有助于提升对家庭照顾未成年子女的外在监督效能。由此可见，充分调动各个系统来强化父母对子女的监护和关爱责任，特别是整合民政社会工作、医疗社会工作、社区社会工作和儿童社会工作等多方位的专业力量与服务，是提升父母离婚型农村留守儿童隔代家庭照顾质量的重要策略。

此外，要注意对农村留守儿童家庭进行赋能，提升家庭的照顾责任意识和照顾能力。就家庭内部赋能而言，一是要引导在外务工的父母充分理解他们在家庭中扮演的重要角色及对孩子成长产生的关键性影响，从而主动协同隔代家庭照顾者参与留守儿童的家庭照顾和教育；二是要引导父母和隔代家庭照顾者学习科学育儿的知识和技能，减少在孩子的家庭照顾和教育中存在"棍棒式""宠溺式""放任式"等不合理和不科学的方式。就家庭外部赋能而言，一是要构建支持隔代家庭照顾者的网络，比如搭建儿童主任、教师、社会工作者以及志愿者支持隔代家庭照顾者的平台，采取家庭随访、心理疏导、临时托管、喘息服务、健康体

---

① 陈立群,龙海英.解决"留守儿童"教育问题,关键在于"留守父母"[J].人民教育,2018(7):24-27.

检等服务,切实增强隔代家庭照顾者的心理性和服务性支持。二是强化儿童之家和老年协会活动室等阵地建设,定期开展面向隔代家庭照顾家庭的分享交流活动和家庭教育政策与知识宣讲活动。

四、加大贫困留守儿童家庭的经济支持

儿童因自身的依赖性和缺乏代理人,常是较贫困的人群之一且常易被政策忽视,但针对儿童贫困的干预却又是较具经济性社会收益的措施。① 从本书能够看到,经济条件是影响隔代家庭照顾能力、照顾质量和照顾压力的重要因素。对于父母双方失联型和父母离异型隔代家庭照顾家庭而言,隔代家庭照顾者直接面临经济贫困或经济收入不足的困境,一定程度上影响了家庭的消费水平以及限制了孩子课外辅导、休闲娱乐等机会。此外,对于有重病重残家庭成员的隔代家庭照顾家庭而言,不仅面临家庭收入来源减少,还面临持续的和累积的医疗费用负担。对于这三类家庭而言,需要从政策上提供必要的医疗补助、助残服务、生活补贴、学费减免等支持和服务,从而保障这些家庭的基本生活质量和隔代家庭照顾功能。具体而言,措施一是可由政府针对抚养未成年子女的贫困家庭乃至普通家庭设立"减免个人所得税"等免税机制,从而降低家庭的儿童照顾成本和提升家庭的生育意愿;措施二是可由政府针对抚养未成年子女的贫困家庭乃至普通家庭设立生育与抚育奖助机制,从而提升家庭照顾的经济支持力度;措施三是可由政府联合银行针对抚养未成年子女的贫困家庭乃至普通家庭设立"照顾信贷"机制,如同针对贫困学生的"助学贷款"和针对农户的"小额贷款"等金融信贷产品一样,帮助有需要的家庭度过儿童照顾的困难期。② 此外,加快发展当地农村经济和农村工农产业,引导这些留守儿童父母回乡创业和就业,也是改善留守儿童家庭经济状况和提升隔代家庭照顾能力的重要策略。

---

① 吕朝贤,陈柯玫,陈琇惠.育儿家庭最低可接受生活标准之初探[J].台大社工学刊,2015(31):105-164.
② 《妇女研究论丛》编辑部.解读三孩生育政策 推动构建包容性配套支持措施[J].妇女研究论丛,2021(4):48-82.

五、积极开展留守儿童性教育和自护教育

农村留守儿童性侵害案集中发生在学前教育和义务教育阶段的留守学生身上。因而教师、社会工作者以及照顾者等需要通过学校活动、家庭访视、亲子游戏等方式，一方面，教授和训练留守儿童人际沟通技巧和能力，帮助他们与父母、照顾者、同学、老师和亲友等建立紧密、信任和支持的人际关系，从而促使他们获得更紧密多元的关爱保护和人际支持。另一方面，教授和训练留守儿童性知识和性侵害预防技巧，根据儿童成长发展的阶段特征和需要采取课程、读物、游戏、情景剧、影视等方式引导他们了解两性发展和性健康知识，并引导他们认知和掌握性侵害风险和预防技能。比如：（1）帮助孩子认识自己的隐私部位和掌握保护技巧；（2）训练孩子学会拒绝别人的不当身体性接触和侵犯；（3）训练孩子识别与他人之间的秘密关系和信任关系以及恐吓、威胁、引诱等；（4）训练孩子学会识别周围环境中存在的保护性因素，提升他们在遇到风险时主动寻求帮助的意识和能力，并让他们掌握紧急求助的人员名单和方式；（5）训练孩子学会在遭遇恐吓或性侵风险时及时报告。

六、积极推进农村在地化公共服务体系建设

农村公共服务网络建设仍然比较薄弱，因为专业性的社会服务组织的外部引入和本地培育还处于初探阶段，而被各类行政性事务围困的村委会力量也无力于公共服务供给。原有的以民政、残联、妇联等为主体提供的条线型服务具有碎片化和非均衡性特点，导致资源配置效率低和服务脱离需求靶心等问题。当前，国家针对农村老人制定了一系列养老服务政策，但受制于农村基层社会组织数量少、规模小、服务弱的现况，诸多养老服务在"最后一公里"被大幅"洒漏"而无法输送给老人。培育在地化老人服务互助组织、公益组织和专业组织是最为可行的路径。其一，要鼓励和支持乡镇、村建立老年协会或农村留守老人互助组织等，探索将具备资质的老年协会纳入政府购买服务承接主体序列，充分发挥老年人自组织的协调、支持和互助作用。其二，要依托基层党组织、村民自治组织充

分挖掘乡镇、村两级的公益服务力量，培育面向农村留守家庭的在地化公益服务组织，鼓励他们开展家庭探访、老人陪伴、儿童学业辅导、儿童临时照顾等志愿服务。其三，要引入和培育社会工作服务机构、社会心理服务机构、康复护理服务机构等专业组织，整合政府、市场与社会资源，推动这些专业机构承担农村"双留守"家庭的监测、服务、评估等工作。其四，政府要树立"社会投资"理念，通过政策制定和财政引导，积极鼓励社会力量参与到农村留守儿童教育与关怀体系建设之中。其五，考虑从政策和服务层面将儿童的知识文化教育、科学艺术教育、道德情感教育融入学校、社区和家庭之中。比如在当前"双减"政策下，需要在学校和社区层面发展科学、艺术、体育和文化性的公共空间和服务机制，促进孩子和家长在"双减"之后能够将"慢下来的节奏和时间"用于素质类教育课程和活动的参与以及社区公益服务和家庭劳务服务，积极消减家长因"政策骤变"产生的心理不适应及孩子教育竞争上的"盲盒效应"。

七、充分发挥家社校联动关爱机制作用

加强农村留守儿童的教育管理工作已是全社会面临的新问题，需要积极发挥家庭、学校和社区的合力。[①] 从教育管理的角度而言，需要对家庭教育、社区教育和学校教育三个层面的教育方式、理念和方法及资源支持进行监管和调度。当然，学校教育有成熟的教育体系和发展规律，相应地需要强化学校教育对家庭和社区层面的引导和支持。一是积极依托学校场所和社区场所资源搭建家社校互动平台，比如利用春节、元宵节、端午节、中秋节、国庆节以及儿童节、妇女节、重阳节等开展活动，引导农村留守儿童及其隔代家庭照顾者和父母积极参与活动，通过活动参与让留守儿童及其家庭感受到关爱和获得活动体验。二是发挥儿童之家的阵地作用和儿童督导员、儿童主任的角色作用，将儿童之家建设成集聚儿童阅读、儿童娱乐休闲、儿童学习以及隔代家庭照顾者、父母放松身心、交流分享和学习技能的枢纽平台，并积极链接本地志愿服务资源。三是引导儿童主任和专业社会工作者、教师加强农村留守儿童的档案信息录入和更新，通过信息监

---

① 胡国雄,肖亚红."农村留守儿童"家庭教育缺失问题的研究[J].教学与管理,2011,493(24):36-37.

测及时发现需要支持和服务的留守儿童和隔代家庭照顾者，同时建立教师"代家长制"，弥补亲情关爱的不足，引导家庭和外出的父母给予孩子足够的关爱，提升孩子的自信和学习能力。

八、构建整合性农村留守儿童照顾服务体系

儿童福利的目标是促进儿童的社会功能正常发展与福祉提升，即让儿童能够健康快乐地生活，同时发展出能够完成其角色任务和实现其社会功能的能力。因此，农村留守儿童的隔代家庭照顾目标也在于促进这些儿童的健康快乐成长，促使其权利得到保障和其社会功能得以发展。经研究发现农村留守儿童的隔代家庭照顾状况在照顾质量和照顾能力上存在差异，并非像以往学术研究、新闻媒体等所说的那样问题重重，但也不能盲目乐观。在本书的案例中，一些家庭因为父母离异、（外）祖父母亡故或残病、家庭关系紧张导致家庭照顾人力资本不足，以及因为家庭收入不足、家庭工作人数偏少等导致家庭照顾经济资本不足等问题，从而影响了隔代家庭照顾的质量与能力的提升，并且可能出现家庭弱势累积和照顾风险累积，不利于留守儿童的健康成长和隔代家庭照顾者的身心健康。

本研究者认为应该基于儿童福利、儿童保护和儿童服务的理念加快构建农村留守儿童的整合性服务体系，为农村留守儿童的家庭照顾系统以及受照顾儿童提供必要的服务和支持。本研究者基于研究参与者所提出的家庭照顾系统面临的挑战与所诉求的服务与支持，参照安德森（Kadushin）与马丁（Martin）所提出的儿童福利服务体系构建了综融性农村留守儿童照顾服务体系（见图4-1），供研究地的儿童福利与儿童保护部门参考。从图4-1中可以看到，对于家庭照顾正常的农村留守儿童家庭，主要是根据其需要提供相应的支持性服务以帮助家庭更好地提升照顾质量与照顾能力。对于家庭照顾存在困境与风险的农村留守儿童家庭，则应根据其需要提供相应的补充性服务和支持性服务，预防其家庭照顾系统陷入更大、更持久的困境以及控制和阻断照顾风险的发生或持续。对于家庭照顾中发生严重的照顾忽视，儿童遭受虐待（性侵害、身体虐待、心理虐待）的农村留守儿童家庭，则需要通过专业机构和司法机构的及时介入与干预，尽快解除儿童及其家庭正在遭受的伤害和正在发生的危机，采取替代性措施对儿童加以保护

和治疗,直到经过专业评估确认家庭照顾风险得以解除才能将儿童送回家庭。2018年民政部在新一轮的国家机构改革中增设儿童福利司,由此可预见我国的儿童福利与儿童保护工作将会得到快速推进。但通过实地观察与走访来看,当地的儿童福利服务体系还十分薄弱,当地的儿童社会工作服务还几乎处于空白状态。因此,如何构建研究地的儿童福利服务体系将是政府部门和社会组织面临的一个新课题,图4-1正好可以为研究地的政府在推进儿童福利服务体系发展和加强农村留守儿童关爱保护工作上提供参考。

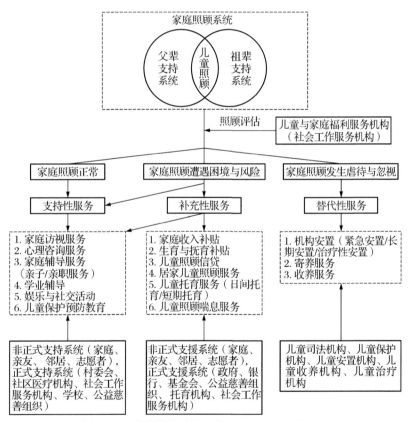

图4-1 综融性农村留守儿童照顾服务支持体系

参考文献

一、中文文献部分

[1] 李炳煌.新时代留守儿童教育需要阻断贫困文化代际传递[J].湖南师范大学教育科学学报,2022,21(3):109-114.

[2] 刘玉兰,彭华民.能力为本的儿童福利社会工作教育模式转型研究:以155项社会工作专业硕士培养项目为分析对象[J].社会工作与管理,2021,21(5):33-41.

[3] 《妇女研究论丛》编辑部.解读三孩生育政策 推动构建包容性配套支持措施[J].妇女研究论丛,2021(4):48-82.

[4] 周丹青,王翠艳,潘日余.留守儿童独处偏好与学校适应的关系:同伴依恋的中介作用[J].心理研究,2021,14(2):184-190.

[5] 刘红升,靳小怡.人口流动背景下农村留守儿童的亲子关系现状与群体差异:来自中西部两省三县中学生调查的发现[J].华东理工大学学报(社会科学版),2021,36(2):52-68,85.

[6] 冯元.农村留守儿童性侵害的预防教育策略与干预路径[J].江汉学术,2021,40(4):14-22.

[7] 刘先华.乡村振兴背景下留守儿童教育与关爱体系的完善与创新[J].农业经济,2020(12):105-107.

[8] 周晨,赵丽云,于冬梅.中国留守儿童营养健康状况[J].卫生研究,2020,

49(6):1030-1033.

[9] 裴春梅,李建华.农村留守儿童社会性教育的意义与实施原则[J].学前教育研究,2020(10):85-88.

[10] 潘璐.留守儿童的社会化过程与新生代农民工的生成[J].中国农业大学学报(社会科学版),2020,37(4):82-92.

[11] 吴重涵,戚务念.留守儿童家庭结构中的亲代在位[J].华东师范大学学报(教育科学版),2020,38(6):86-101.

[12] 万国威,裴婷昊.留守儿童的虐待风险及其治理策略研究[J].人口学刊,2020,42(3):51-65.

[13] 梁富强.农村留守儿童关爱保护应择其重点[J].教学与管理,2020(7):24-25.

[14] 纪颖,何欢,李子耕,等.家庭因素对农村留守儿童饮食行为的影响[J].中国学校卫生,2020,41(1):32-35.

[15] 蒲鸿志.留守儿童关爱法治化路径探析[J].人民论坛,2019(24):60-61.

[16] 宗苏秋,汤淑红.精准扶贫视野下农村留守儿童教育问题研究[J].教学与管理,2019(24):28-30.

[17] 李义良.为农村留守儿童提供更多教育关爱[J].人民论坛,2019(18):54-55.

[18] 秦敏,朱晓.父母外出对农村留守儿童的影响研究[J].人口学刊,2019,41(3):38-51.

[19] 同雪莉.留守儿童抗逆力生成机制及社工干预模式研究[J].学术研究,2019(4):64-71.

[20] 杨清溪,刘燕.需为农村留守儿童教育实践准确定位[J].中国教育学刊,2019(4):22-27.

[21] 满小欧,曹海军.农村社区10~15岁留守儿童心理健康状况及保护性因素[J].中国公共卫生,2018,34(11):1537-1540.

[22] 杨狄,刘征峰.农村留守儿童监护制度的虚置及其反射性改革[J].湖湘论坛,2018,31(4):112-123.

[23] 赵雪梅,赵可云.教育大数据应用于学业预警的设计研究:以农村留守儿

童学业预警为例[J].教育发展研究,2018,38(12):64-71.

[24] 杜晓晴,周小舟,邓雨薇.社会组织参与农村留守儿童的教育管理:以北京歌路营教育咨询中心为例[J].中国青年社会科学,2018,37(2):111-116.

[25] 罗国芬.儿童权利视角:农村留守儿童"再问题化"[J].探索与争鸣,2018(1):79-83,143.

[26] 刘红升,靳小怡.教养方式与留守儿童心理弹性:特征和关系:来自河南省叶县的调查证据[J].西南民族大学学报(人文社科版),2018,39(1):222-229.

[27] 苏华山,吕文慧,黄姗姗.父母外出对留守儿童健康的影响:来自中国家庭追踪调查的证据[J].经济科学,2017(6):102-114.

[28] 田旭,黄莹莹,钟力,等.中国农村留守儿童营养状况分析[J].经济学(季刊),2018,17(1):247-276.

[29] 卢利亚.农村留守儿童安全和品行问题的空间治理[J].贵州社会科学,2017(9):69-74.

[30] 董才生,马志强.留守儿童关爱保护政策需要从"问题回应"型转向"家庭整合"型[J].社会科学研究,2017(4):99-105.

[31] 范兴华,余思,彭佳,等.留守儿童生活压力与孤独感、幸福感的关系:心理资本的中介与调节作用[J].心理科学,2017,40(2):388-394.

[32] 宋才发.新型城镇化进程中农村留守儿童教育问题的法治探讨[J].贵州社会科学,2016(11):90-94.

[33] 王玉香,吴立忠.我国留守儿童政策的演进过程与特点研究[J].青年探索,2016(5):42-50.

[34] 万江红,李安冬.从微观到宏观:农村留守儿童抗逆力保护因素分析:基于留守儿童的个案研究[J].华东理工大学学报(社会科学版),2016,31(5):26-35.

[35] 曹艳春,戴建兵.基于多维风险指数的农村留守儿童风险预警和分级干预机制研究[J].东北大学学报(社会科学版),2016,18(5):503-509.

[36] 范兴华,何苗,陈锋菊.父母关爱与留守儿童孤独感:希望的作用[J].中国临床心理学杂志,2016,24(4):702-705,643.

[37] 卢德平,商洋.略论留守儿童关怀的性质与方向[J].中国农业大学学报

(社会科学版),2016,33(4):42-48.

[38] 段成荣.解决留守儿童问题的根本在于止住源头[J].武汉大学学报(人文科学版),2016,69(2):15-18.

[39] 王秋香.生态学视角下农村留守儿童社会化的三重维度[J].江西社会科学,2015,35(12):194-199.

[40] 张学浪.基于学校教育的农村留守儿童发展路径探索[J].农村经济,2015(11):119-124.

[41] 范先佐,郭清扬.农村留守儿童教育问题的回顾与反思[J].中国农业大学学报(社会科学版),2015,32(1):55-64.

[42] 范兴华,方晓义,张尚晏,等.家庭气氛对农村留守儿童孤独感的影响:外向性与自尊的中介[J].中国临床心理学杂志,2014,22(4):680-683,687.

[43] 潘璐,叶敬忠."大发展的孩子们":农村留守儿童的教育与成长困境[J].北京大学教育评论,2014,12(3):2-12.

[44] 谢建社,蔡晓冬.社会工作介入留守儿童服务的方法与技巧:以XY市某社区为例[J].广州大学学报(社会科学版),2014,13(2):60-65.

[45] 吕利丹.从"留守儿童"到"新生代农民工":高中学龄农村留守儿童学业终止及影响研究[J].人口研究,2014,38(1):37-50.

[46] 关颖.留守儿童生存危机及发展隐患[J].人民论坛,2013(23):22-24.

[47] 段成荣,吕利丹,王宗萍.留守儿童的就学和学业成绩:基于教育机会和教育结果的双重视角[J].青年研究,2013(3):50-60.

[48] 万国威,李珊."留守儿童"福利供应的定量研究:基于四川省兴文县的实证调研[J].中国青年研究,2012(12):43-49.

[49] 卢利亚.农村留守儿童社会支持网络模式研究[J].湖南师范大学社会科学学报,2012,41(6):83-87.

[50] 吴霓.关注千万农村留守儿童的健康成长[J].中国党政干部论坛,2012(9):16-18.

[51] 白勤,林泽炎,谭凯鸣.中国农村留守儿童培养模式实验研究:基于现场干预后心理健康状况前后变化的数量分析[J].管理世界,2012(2):62-72.

[52] 唐有财,符平.亲子分离对留守儿童的影响:基于亲子分离具体化的实证

研究[J].人口学刊,2011(5):41-49.

[53] 江立华.乡村文化的衰落与留守儿童的困境[J].江海学刊,2011(4):108-114.

[54] 马良.构建留守儿童的"多元"社会支持系统:对温州市义务教育阶段留守儿童的实证研究[J].华东理工大学学报(社会科学版),2011,26(3):16-23.

[55] 崔效辉,郭安.农村留守儿童现状及引入社会工作方法的必要性:基于两所小学的对比研究[J].南京人口管理干部学院学报,2011,27(2):74-80.

[56] 吴霓,廉恒鼎.农村留守儿童的学习成绩主观评价研究[J].中国特殊教育,2011(2):78-82.

[57] 谭深.中国农村留守儿童研究述评[J].中国社会科学,2011(1):138-150.

[58] 叶敬忠,孟祥丹.外出务工父母视角的留守儿童[J].中国农村经济,2010(12):68-76.

[59] 卢德平.社会性别固化模式对留守儿童生涯志向的影响[J].当代青年研究,2009(9):23-29.

[60] 潘璐,叶敬忠.农村留守儿童研究综述[J].中国农业大学学报(社会科学版),2009,26(2):5-17.

[61] 范先佐.关于农村"留守儿童"教育公平问题的调查分析及政策建议[J].湖南师范大学教育科学学报,2008,7(6):11-17.

[62] 段成荣,杨舸.我国农村留守儿童状况研究[J].人口研究,2008,32(3):15-25.

[63] 许传新."留守儿童"教育的社会支持因素分析[J].新疆社会科学,2007(2):90-94.

[64] 叶敬忠,王伊欢.留守儿童的监护现状与特点[J].人口学刊,2006(3):55-59.

[65] 段成荣,周福林.我国留守儿童状况研究[J].人口研究,2005,29(1):29-36.

[66] 吴霓.农村留守儿童问题调研报告[J].教育研究,2004(10):15-18,53.

二、英文文献部分

[1] Bowlby J. The nature of the child's tie to his mother[J]. The International Journal of Psycho-Analysis,1958,39(5):350-373.

[2] Baumrind D. Child care practices anteceding three patterns of preschool behavior[J]. Genetic Psychology Monographs, 1967, 75(1):43-88.

[3] Bertalanffy L V. Perspectives on general system theory: scientific-philosophical studies[M]. New York: George Braziller,1975.

[4] Bronfenbrenner U. The ecology of human development: experiments by nature and design[M]. Cambridge Mass: Harvard University Press, 1979.

[5] Bowlby J. Caring for children: some influences on it's development[M]. New York: The Guilford Press,1982.

[6] Bogenschneider K. Family policy matters: how policymaking affects families and what professionals can do[M]. New York:Routledge,2014.

[7] Becker S,Bryman A,Ferguson H. Understanding research for social policy and social work: themes,methods and approaches[M]. 2nd ed. New York: Independent,2012.

[8] Thomas C. De-constructing concepts of care[J]. Sociology, 1993, 27(4): 649-669.

[9] Cahalane H. Contemporary social work practice: contemporary issues in child welfare practice[M]. New York: Springer,2013.

[10] Chambers D. Social policy and social programs: a method for the practical public policy analyst[M]. Boston:Allyn & Bacon,1986.

[11] Gerrish K. The landscape of qualitative research: theories and issues [M]. 2nd ed. New York: Sage, 2005.

[12] Deacon L, MacDonald S. Social work theory and practice [M]. London: Sage, 2017.

[13] Virginia G R,Ellen G,Chen C S,et al. Understanding depressed mood

in the context of a family-oriented culture [J]. Adolescence, 2003, 38(149): 93 - 109.

[14] Howe D. A brief introduction to social work theory[M]. London: Palgrave MacMillan, 2009.

[15] Howe D. Attachment across the lifecourse: a brief introduction[M]. London: Palgrave Macmillan, 2011.

[16] Jendrek M P. Grandparents who parent their grandchildren: circumstances and decisions[J]. The Gerontologist, 1994, 34(2):206 - 216.

[17] Johnson L. Social work practice: a generalist approach[M]. Boston: Allyn & Bacon, 1983.

[18] Kamerman S B. Dimensions of social welfare policy[J]. Journal of Education for Social Work, 1976, 12(2):60 - 62.

[19] Kadushin A, Martin A J. Child welfare services[M]. 4th ed. New York: Pearson, 1988.

[20] Lindsey D. The welfare of children[M]. 2nd ed. New York: Oxford University Press, 2004.

[21] Lindsey D, Shlonsky A. Child welfare research: advances for practice and policy[M]. New York: Oxford University Press, 2008.

[22] Neely-Barnes S L, Carolyn Graff J, Washington G. The health-related quality of life of custodial grandparents[J]. Health & Social Work, 2010, 35(2): 87 - 97.

[23] Van Manen M. Researching lived experience: human science for an action sensitive pedagogy[M]. 2nd ed. New York: Althouse Press.

[24] Maslow A. Motivation and personality[M]. New York: Harper & Row, 1987.

[25] Meyer H C. Clinical social work in the eco-systems perspective[M]. New York: Columbia University Press, 1983.

[26] Michel S. Child care policy at the crossroads: gender and welfare state restructuring[M]. New York: Routledge, 2002.

[27] Miles M B, Huberman M A, Saldana J. Qualitative data analysis: a methods sourcebook[M]. London: Sage, 2013.

[28] Merriam S B, Tisdell E J. Qualitative research: a guide to design and implementation[M]. 4th ed. New York: John Wiley & Sons, 2015.

[29] Meng X, Yamauchi C. Children of migrants: the cumulative impact of parental migration on children's education and health outcomes in China[J]. Demography, 2017, 54(5): 1677-1714.

[30] Phelan S. Case study research: design and methods[J]. Evaluation & Research in Education, 2011, 24(3): 221-222.

[31] Payne M. Modern social work theory[M]. 4th ed. New York: Palgrave & Macmillan, 2014.

[32] Rose S. Policies for orphans and vulnerable children: a framework for moving ahead[M]. Washington: Policy Project, 2003.

[33] Sherraden M. Assets and the poor: a new American welfare policy[M]. New York: Sharpe, 1991.

[34] Terrell P. Dimensions of social welfare policy[M]. 8th ed. New York: Pearson, 2012.

[35] Whitehead D. Case study research design and methods[J]. Journal of Advanced Nursing, 2003, 44(1): 108.

[36] Yin R. Case study research: design and methods[M]. New York: Sage, 1984.

附录

附录1　2006—2023年留守儿童相关政策统计表

年份	发布部门	政策名称	有关留守儿童的政策文本要点
2006	国务院	关于解决农民工问题的若干意见	输出地政府要解决好农民工托留在农村子女的教育问题，明确农民工输出地政府在解决留守儿童教育问题方面负有重要责任
2006	教育部	关于教育系统贯彻落实《国务院关于解决农民工问题的若干意见》的实施意见	针对农村留守儿童提出构建教育与监护体系
2007	中共中央组织部、全国妇联、教育部等七部门	关于贯彻落实中央指示精神积极开展关爱农村留守流动儿童工作的通知	加强留守儿童的教育管理工作、户籍管理与权益保护、救助保障机制、医疗保健服务等工作
2010	国务院	国家中长期教育改革和发展规划纲要（2010—2020年）	建立健全政府主导、社会共同参与的农村留守儿童关爱服务体系和动态监测机构

续表

年份	发布部门	政策名称	有关留守儿童的政策文本要点
2011	国务院	中国儿童发展纲要（2011—2020年）	健全农村留守儿童服务机制，加强对留守儿童心理、情感和行为的指导，提高留守儿童家长的监护意识和责任
2012	国务院	关于深入推进义务教育均衡发展的意见	把关爱留守学生工作纳入社会管理创新体系之中，构建学校、家庭和社会各界广泛参与的关爱网络，创新关爱模式
2013	全国妇联课题组	我国农村留守儿童、城乡流动儿童状况研究报告	全国农村留守儿童规模为6 102.55万，占农村儿童总量的37.7%，占全国儿童总量的21.88%。与2005年相比增加约242万
2013	教育部等五部门	关于加强义务教育阶段农村留守儿童关爱和教育工作的意见	提出从改善教育条件、提高教育水平和构建社会关爱服务机制三个方面促进儿童成长和提升幸福感，并提出通过优先满足教育基础设施建设、优先改善营养状况、优先保障交通需求来提升留守儿童教育条件
2014	国务院办公厅	关于印发国家贫困地区儿童发展规划（2014—2020年）	健全留守儿童关爱服务体系，加强农村寄宿制学校建设，优先满足留守儿童就学、生活和安全需要
2016	国务院	关于加强农村留守儿童关爱保护工作的意见	强化农村留守儿童关爱保护工作保障措施
2016	国务院	关于加强困境儿童保障工作的意见	留守儿童是指父母双方外出务工或一方外出务工另一方无监护能力、不满十六周岁的未成年人。以促进儿童全面发展为出发点和落脚点，坚持问题导向，优化顶层设计，强化家庭履行抚养义务和监护职责的意识和能力，综合运动社会救助、社会福利和安全保障等政策措施，分类施策、精准帮扶，为困境儿童健康成长营造良好环境

续表

年份	发布部门	政策名称	有关留守儿童的政策文本要点
2016	民政部、教育部、公安部	关于开展农村留守儿童摸底排查工作的通知	开展农村留守儿童摸底排查工作的总体目标是全面、清晰地掌握农村留守儿童数量规模、分布区域、结构状况,及时掌握农村留守儿童的家庭组成、生活照料、教育就学等基本信息,建立农村留守儿童信息库,并健全信息报送机制,为细化完善关爱保护政策措施,加强关爱服务力量调配和资源整合提供基础资料支持,提高农村留守儿童关爱保护工作实效
2017	民政部、教育部、财政部等五部门	关于在农村留守儿童关爱保护中发挥社会工作专业人才作用的指导意见	社会工作专业人才的主要任务是协助做好救助保护工作,配合开展家庭教育指导,积极开展社会关爱服务
2018	民政部	关于开展全国农村留守儿童关爱保护和困境儿童保障示范活动的通知	以依法保护农村留守儿童和困境儿童合法权益为目标,以加强制度保障、健全组织领导和运行机制、完善服务体系为主要内容,以建立运行监测预防、强制报告、应急处置、评估帮扶、监护干预"五位一体"的救助保护机制为关键环节,坚持问题导向,优化顶层设计,着力打造一批领导重视、制度健全、机制有效、措施有力、服务规范的农村留守儿童关爱保护和困境儿童保障示范地区
2019	民政部、教育部、公安部等十部门	关于进一步健全农村留守儿童和困境儿童关爱服务体系的意见	明确村(社区)设立"儿童主任",由村(居)民委员会委员、大学生村官或者专业社会工作者等人员担任,乡镇人民政府(街道办事处)设立"儿童督导员",由此进一步夯实了基层儿童福利和留守儿童关爱保护工作力量,并为留守儿童专业化服务提供了基础

续表

年份	发布部门	政策名称	有关留守儿童的政策文本要点
2019	民政部、国资委、全国总工会等六部门	关于劳动密集型企业进一步加强农村留守儿童和困境儿童关爱服务工作的指导意见	有条件的企业要通过开发社会工作岗位，购买社会工作服务等形式，引入专业社会工作者为务工人员及其子女提供心理疏导、能力提升、社会融入等服务
2020	民政部	关于组织开展全国农村留守儿童和困境儿童关爱保护"政策宣讲进村（居）"活动的通知	通过"政策宣讲进村（居）"活动，引导家庭强化监护主体责任意识，提升儿童自我保护技能，促进村（居）民委员会做好监护人法制宣传、监护督促和监护指导，提高儿童主任业务素质和服务技能。主要包家庭监护、儿童安全自护、亲情沟通、工作履职四个专题宣教
2021	农村留守儿童关爱保护和困境儿童保障工作部际联席会议办公室	关于表彰"全国农村留守儿童关爱保护和困境儿童保障工作先进集体和先进个人"的决定	农村留守儿童关爱保护和困境儿童保障工作部际联席会议决定授予北京市通州区社会福利院等199个集体为"全国农村留守儿童关爱保护和困境儿童保障工作先进集体"，北京市网络舆情和举报中心卜晨燕等400名同志为"全国农村留守儿童关爱保护和困境儿童保障工作先进个人"
2022	民政部办公厅	关于进一步加强寒假春节期间孤儿、事实无人抚养儿童、农村留守儿童关爱服务工作的通知	于1月底前对本地区散居孤儿、事实无人抚养儿童、农村留守儿童进行一次走访慰问和信息摸底，重点了解儿童监护或委托照护状况、寒假春节期间儿童去向和面临困难问题等，并及时在全国儿童福利信息系统对儿童信息进行更新。要通过发放爱心联系卡等方式，建立畅通的信息沟通渠道，确保儿童在遇到困难时第一时间能够得到关爱服务
2023	民政部办公厅	关于开展2023年暑期农村留守儿童关爱服务活动的通知	各地各相关部门要因地制宜组织开展生动有趣的参观体验和研学实践活动，丰富儿童暑期文体生活，帮助儿童提升综合素养

附录 2　农村留守儿童隔代家庭照顾者访谈提纲

1. 你们的（外）孙子女是什么时候开始由你们照顾的？你们照顾了多久？
2. 当时是什么原因决定由你们来照顾（外）孙子女的呢？有什么特别的事件发生吗？
3. 你们在照顾孩子的过程中是如何保障孩子的营养的呢？
4. 你们在照顾孩子的过程中是如何进行健康照顾的呢？
5. 你们在照顾孩子的过程中是如何进行安全看护的呢？孩子有发生过什么样的意外伤害吗？
6. 你们在照顾孩子的过程中是如何满足孩子游戏和玩耍的需要的呢？
7. 你们在照顾孩子的过程中是如何培养孩子的品行和性格的呢？采取了哪些措施？你们觉得孩子的品行和性格是什么样的？
8. 你们在孩子的学业辅导方面做了哪些努力呢？他们的成绩表现如何？
9. 孩子在学习方面表现如何？你们对孩子的学习有什么样的评价呢？
10. 孩子有上课外辅导班吗？你们在这方面是如何提供支持的呢？
11. 家里在孩子的生活照料、学业辅导等方面有什么样的分工与合作吗？
12. 孩子的照顾费用来源是哪里？孩子的父母和你们有什么样的分担机制？
13. 你们在（外）孙子女的照顾上有什么样的目标和期待吗？
14. 你们和（外）孙子女的关系如何？如何看待这种关系？
15. 孩子在平时是如何和父母保持联系的呢？他们之间的感情怎么样？
16. 你们在照顾孩子的过程中，有得到亲友什么样的帮助和支持吗？
17. 你们在照顾孩子的过程中，有得到邻里什么样的帮助和支持吗？
18. 你们在照顾孩子的过程中，有得到学校什么样的帮助和支持吗？

续表

19. 你们在照顾孩子的过程中，有得到社区（村委会）和政府什么样的帮助和支持吗？
20. 你们在照顾孩子的过程中，有哪些体验呢？比如好的体验有哪些？不好的体验又有哪些呢？
21. 你们是如何看待由自己来照顾（外）孙子女的这种隔代家庭照顾的呢？
22. 你们如何看待农村里存在的重男轻女思想呢？这种思想会影响你们对孩子的照顾吗？
23. 你们觉得自身在照顾（外）孙女子上有哪些优势？又有哪些不足呢？
24. 你们家的家庭氛围如何？平时在情感和沟通上是如何与孩子互动的呢？
25. 你们在平时操持家务或者农务时会让孩子参与吗？他们是什么样的态度和表现？
26. 孩子在平时会回报你们的照顾吗？主要表现有哪些？
27. 你们在照顾孩子的过程中有遇到什么样的压力和问题吗？是如何应对的呢？
28. 你们觉得照顾孩子对自己的生活和健康有哪些影响呢？
29. 你们对孩子的照顾结果有什么样的评价和看法呢？
30. 你们期待政府和社会提供什么样的帮助和支持呢？

附录3　隔代家庭照顾农村留守儿童访谈提纲

1. 你今年多大了？读几年级？
2. 你对现在的生活有什么想法和体验吗？
3. 你在学校里的学习怎么样？和老师及同学们的关系是什么样的？
4. 你有好朋友吗？平时和他们在一起玩什么呢？
5. 你在学校里有受到别人欺负吗？你有欺负过别人吗？
6. 你平时会想爸爸妈妈吗？你想他们的时候会怎么做呢？
7. 你平时会和爸爸妈妈联系吗？采用什么样的方法联系？1个月会联系几次呢？
8. （外）祖父母平时会带你出去玩吗？一般会去哪里？
9. 你平时有零花钱用吗？一般是谁给你呢？
10. 你平时会主动跟（外）祖父母沟通和表达你的想法和要求吗？
11. 你和（外）祖父母的关系怎么样？你会用什么方式回报他们吗？
12. 你是如何理解他们给你提供的照顾的呢？
13. 家里的劳动，你会参与吗？又是如何参与的呢？
14. 你在生活和学习方面有遇到什么困难吗？你希望得到什么样的帮助呢？
15. 你对爸爸妈妈有什么期待吗？

附录4　访谈知情同意书

　　我已经仔细阅读研究者冯元提交的《参与研究邀请信》和《研究访谈提纲》,并已经基本了解"农村留守儿童隔代家庭照顾模式研究"的研究目的、研究内容和研究方法,同意以被研究者的身份参与本项研究。
　　特此说明!

签名：

年　月　日